業種別リスクマネジメント

目　次

はじめに ……………………………………………………………………………………… 2

第1章　顧客本位の提案と法人開拓を実現するリスクマネジメントの視点 ………………… 3

- ① 代理店を取り巻く環境変化の理解 ……… 4
- ② リスクマネジメントの必要性（顧客本位の視点） … 6
- ③ 保険の価値を理解する ……………… 8
- ④ 保険提案のプロセス ………………… 10
- ⑤ リスクアセスメントの重要性 ……… 12
- ⑥ リスク対策の全体像から考える …… 14
- ⑦ リスクファイナンシング …………… 16
- ⑧ 利益の確保（P／Lを守る）………… 18
- ⑨ 資産の保全（B／Sを守る）………… 20
- ⑩ 保険見直しのステップ ……………… 22
- ⑪ 保険契約の適正化の基礎知識（レベル2）……… 24
- ⑫ 財務視点の保険適正化（レベル2）……… 26
- ⑬ 経営視点の保険適正化（レベル2）……… 28
- ⑭ 人的視点の保険適正化（レベル2）……… 30
- ⑮ 対策の全体像からの見直し（レベル3・4）……… 32
- ⑯ ビジョン達成のための保険活用 …… 34
- ⑰ 保険を活かすためのコンサルティング …… 36
- ⑱ リスクマネジメントサービスによる差別化 …… 38
- ⑲ リスクマネジメントを習得するために …… 40

第2章　業種別リスクマネジメント ………………………………………………………… 42

業種別リスクマネジメントの見方と留意点 ……… 43

- ① 葬儀業 ……………………………… 44
- ② 旅館・ホテル ……………………… 46
- ③ ペット病院 ………………………… 48
- ④ 理・美容業 ………………………… 50
- ⑤ 保育園・幼稚園 …………………… 52
- ⑥ 警備保障業 ………………………… 54
- ⑦ パチンコ店 ………………………… 56
- ⑧ 産業廃棄物処理業 ………………… 58
- ⑨ 住宅建設業 ………………………… 60
- ⑩ 電気工事業 ………………………… 62
- ⑪ 清酒製造業 ………………………… 64
- ⑫ 製菓業 ……………………………… 66
- ⑬ 家具製造業 ………………………… 68
- ⑭ 印刷業 ……………………………… 70
- ⑮ 貨物運送業 ………………………… 72
- ⑯ タクシー業 ………………………… 74
- ⑰ 不動産賃貸業 ……………………… 76
- ⑱ ビルメンテナンス業 ……………… 78
- ⑲ 飲食店 ……………………………… 80
- ⑳ コンビニエンスストア …………… 82
- ㉑ 薬局・調剤薬局 …………………… 84
- ㉒ 食料品卸売業 ……………………… 86
- ㉓ 診療所 ……………………………… 88
- ㉔ 歯科医院 …………………………… 90
- ㉕ 介護老人福祉施設（特別養護老人ホーム）…… 92

おわりに ……………………………………………………………………………………… 94

監修者略歴

はじめに

　保険業界に携わる皆様、この本を手に取っていただき、本当にありがとうございます。
　私も業界に携わる一人であり、保険業界のレベルとステイタスのさらなる向上と魅力的な業界への進化を切望する一人です。この本は業界が大きな環境変化を迎える中で、以下のような課題を抱えている代理店及び募集人の方々にぜひお読みいただき、参考にしていただければと考えています。

・顧客本位の業務運営を実現し、選ばれる代理店になるために独自の付加価値・経営資源を構築したい。
・法人顧客に対して、最適な保険設計を行うことで共通価値を実現し、企業価値の向上に貢献したい。
・個人マーケットの競争環境が厳しくなる中で、法人マーケットにマーケットチェンジを行いたい。
・保険料や手数料の減少に備えて単価アップやコンサルティングフィーで効率的な経営を目指したい。

　上記のような課題を解決するためには、保険の知識だけではなくリスクマネジメントの知識が必要不可欠であり、この本を読んでいただくことによってそれらを実現していくためのヒントを少しでも得ていただければ幸いです。
　しかしながら、知識は持っているだけでは価値には変わりません。この本で気付きを持っていただいた方は、ぜひともその知識を日々の活動の中で繰り返し活用していただきたいと思います。リスクマネジメントには100％の正解は無く、非常に奥深いため、簡単に習得できるものではありませんが、高いモチベーションを維持し、粘り強く取り組むことで、必ず皆様にしか提供しえない独自の付加価値や経営資源を手に入れることができるはずです。

　この本は、以下のような構成で書かせていただいております。

第1章：リスクマネジメントの必要性やリスクマネジメントを習得することによって可能となる保険提案の視点や切り口、他代理店との差別化を図っていくための情報とその手段を記載させていただいていますので、何度も読み返して自分の言葉でお客様に話をしていただければと思います。おそらく、初めて聞く話として興味を持っていただけると思います。

第2章：25の業種についてその業界の特徴や動向及び財務的な基準値、特徴的なリスクやその対応策に加えて、保険活用のヒントを記載しています。法人顧客に訪問する上で必要最低限の情報が記載されていると思いますので、対象業種に行かれる場合は参考資料として目を通していただき、活用いただければ幸いです（記載内容はあくまでも事例であり指標も参考値です）。

　この本を手にした多くの代理店が、激変する環境変化に対応して顧客本位の業務運営を実践すると共に、法人マーケットを得意とすることで存続と発展を実現し、そのプロセスが保険代理業界のレベルとステイタスの向上及び魅力的な業界への進化へと繋がることを祈念しています。

第1章
顧客本位の提案と法人開拓を実現する
リスクマネジメントの視点

1．顧客本位の提案と法人開拓を実現するリスクマネジメントの視点

１　代理店を取り巻く環境変化の理解

　保険業界は正に大きな大変革の真っただ中にあり、今までの延長線上に未来は無いと言えるでしょう。今こそ、私たちはこの経営環境の変化に真摯に向き合い、大きなイノベーションを起こさなければなりません。それは大きな痛みを伴う困難な改革になると思いますが、自社の経営及び業界の未来を本気で考えるのであれば、覚悟を決めて大きな一歩を踏み出すことが必要です。まずは、リスクマネジメントに本気で取り組むためにも、業界の大きな変化を正しく理解することから始めたいと思います。

保険業界の環境変化

◎競争環境の変化

　保険代理店を取り巻く競争環境は厳しさを増す一方で、ニトリ、日本調剤、ヤマダ電機等のマーケットを持った巨大資本の参入、楽天やＬＩＮＥ等の圧倒的な情報発信力を持った企業の参入は大きな脅威です。また、銀行等の金融機関や来店型店舗も提携や資本注入によってさらに大きな脅威となりつつありますし、ネット保険は今後のＡＩの発展と消費者の意識の変化によってさらにシェアを高め、安さだけではなく、事故時の現場急行サービス等によるサービス品質の向上により、ますます大きな脅威となることは間違いありません。上記のように、競争環境の激変によって特に個人マーケットは厳しくなることが想定されます。

◎業界環境の変化

　業界環境についても保険料・手数料は減少していくことを前提に考えた方が良いと考えらえますし、自動運転や事故減少等によって明確に自動車保険の保険料は減少することが想定できます。また、インシュアテックや少額短期保険等の台頭によって保険商品の代替商品や新たなサービスが出現することも考えられます。そのため、保険代理店は組織化を図り、業務の効率化や法人マーケットへのシフトによる顧客単価のアップによって経営の健全化を図っていくことが重要と考えられます。また、今後の保険会社の戦略において海外やデジタル分野に積極的な投資を行っていくことを考えると、個人マーケットが衰退する中で法人マーケットでしっかりと数字を増やさなければ専業代理店に対する保険会社からの支援も先細りになることも考えなければなりません。

◎経営環境の変化

　一方では、業法改正によって保険代理店は個人事業から脱却し、金融機関となることが求められており、在り方そのものの変革が必要となっています。業法改正による単なる義務の履行というミニマムスタンダードの実践ではなく、フィデューシャリーデューティー（受託者責任）を自覚し、顧客本位の業務運営の実践を通してサービス品質を追求することで他社代理店との差別化を図り、顧客から明確な根拠によって選ばれる代理店になることが求められています。

◎マーケット環境の変化

　一方で従来保険代理店がメインマーケットとしてきた個人マーケットは少子高齢化によって縮小するだけではなく、来店型やネット・通販の台頭による保険加入プロセスの変化、さらには車離れやシェア

リングエコノミー等のニーズや価値観の変化によって保険資源の減少が進むことが想定されるため、従来と同様のやり方やマーケットでは残念ながら経営を維持していくことは難しくなると考えられます。

求められる代理店像

上記のような環境変化によって求められる代理店像は大きく変わることが想定されるため、既に大きな変化の真っただ中にいることを認識し、一つの方向性として、一刻も早く下記のような取組みを始めることが重要と考えられます。

◎法人マーケットへのシフト

法人マーケットへのシフトを行うために、リスクマネジメントのノウハウを習得し、他代理店との差別化を早急に図ることが重要です。従来の保険代理店の安定的な経営を支えてきた既存客の継続率の高さはマーケットチェンジを困難にしますし、リスクマネジメントのノウハウ習得にも相当な時間が必要であることを考えるとすぐに取組みをスタートすべきでしょう。

◎顧客本位の業務運営

お客様に保険を売ることだけを考えるのではなく、お客様を守るために、企業価値を高めるためにどのように企業に関わり、どのような提案を実施していくべきかをしっかりと考え、実践することが求められます。顧客本位の業務運営を高い次元で実現するためには、単なる保険販売の視点ではなく、リスクマネジメントの発想に基づいて、むしろ保険への依存度を下げていく取組みが求められます。

◎組織化・金融機関化

保険代理店の在り方が問われる中で、業法に対応し、選ばれる代理店になるには、さらなる効率化を図ると共に、独自の経営資源を構築し、組織化・金融機関化を推し進めることが必要不可欠です。しかし、それらの実現には小規模な組織では限界があるのも事実であり、今後は、健全な競争意識を持ちつつも、共存・共栄という発想の下に業界として協力関係を強化し、育み合う関係性を構築する必要があるでしょう。

競争環境
- 巨大資本の参入　銀行・郵便局
- 来店型店舗　ネット販売

→ 新チャネルの出現による競争激化

業界環境
- 保険料・手数料減少　少額短期保険
- インステック・自動運転　海外・デジタル戦略

→ 単価アップ、組織化・効率化の推進

経営環境
- 金融機関化（在り方）
- 業法改正・委託廃止
- 顧客本位の業務運営
- 独自の付加価値

コスト・業務量増加

消費者環境
- ネット社会の普及
- 少子高齢化
- ニーズの変化
- 車離れ社会

個人マーケット縮小

→ **保険代理店 保険募集人**

求められる代理店
明確な理念・ビジョンに基づいた戦略的なマネジメントによる「経営」が要求される時代に

法人マーケット	顧客本位の業務運営	組織化・金融機関化
リスクマネジメント（差別化）	お客様を守る	マネジメント（効率・ガバナンス）

1．顧客本位の提案と法人開拓を実現するリスクマネジメントの視点

② リスクマネジメントの必要性（顧客本位の視点）

　現在、顧客本位の業務運営が手数料やキャンペーンにより阻害されるといった非常に低い次元で問題視されていますが、本来的にはもっと高い次元で実現していくべきものであり、その実現のためにはリスクマネジメントの視点は必要不可欠であることをここでは理解していただきたいと思います。

【前提】真の顧客本位の業務運営とは何か？

　「顧客満足」と「顧客本位」には明確な違いがあると考えています。ご要望やニーズに単純に応えることや不当な要求に応えることは「顧客満足」にはなるかもしれませんが、本当の意味での「顧客本位」とは程遠いと考えます。本当の顧客本位とは、誤ったニーズを修正し、必要のない保険は敢えて販売せず、不当な要求に対しては断固として拒否する姿勢を持つことではないでしょうか？　目先の保険料ではなく、有事の際に保険の価値を認識していただき、企業価値を高めるような提案を実践することこそが真の顧客本位であり、そのためには以下のような視点が必要と考えます。

１．最適な保険ポートフォリオの実現

　保険の最適なポートフォリオを実現するためには、保険商品の知識だけでは不十分です。もちろん、プロである以上は保険商品のことは知っていることが前提ですが、それと共にお客様のリスク環境と財務状況を把握することが必要不可欠です。最適な保険設計を行うためには、その会社が抱えるリスクの全体像と財務的な保有能力を把握することが重要ですが、そのためには保険商品のみならずリスクや財務の知識が必要不可欠です。

２．安心・安全な経営・生活の実現

　お客様の真の満足は保険購入ではなく、安心・安全な経営・生活の実現であり、それを支えるためには一つのリスクに一つの保険という単純な部分正解ではなく、お客様を取り巻くリスクの全体像から全体正解を導く必要があります。また、お客様を守るためには、保険の補償機能でカバーできないリスク等も含めた中で優先順位を明確にし、最適な保険設計を考える必要があり、それらの実践のためにはリスクマネジメントの視点が必要不可欠です。

３．保険を使わない経営の推奨

　特に損害保険の場合は「入ってください、でも使わないでください」という、そもそも矛盾を抱えた商品です。保険は有事の際にはその機能を発揮しなければなりませんが、保険の基本的な価値はあくまでも事故発生後の財務的な補てんでしかなく、事故を起こした時点で信用力は減退し、企業価値が低下してしまうのです。そして、事故が少ない、もしくは事故が起きないということが信用力の構築や企業価値の維持・向上に繋がり、その結果として保険の効率化やさらなる有効活用が可能になると考えられます。保険を使わせないためにも、リスクマネジメントの知識は必要不可欠でしょう。

４．保険への依存度の低下

　保険代理店の役割は保険を活用することによって企業を守り、価値を高めることであり、リスクという観点からより良い会社を目指すためには、以下のような価値観を持って提案レベルを上げることが必

要です。
　　1）最も良い会社：事故が起きないため保険に依存しなくても良い会社
　　2）2番目に良い会社：事故は起きるが、財務力があるため保険に依存しなくても良い会社
　　3）3番目に良い会社：事故も起き、財務力も無いが、保険を活用することで社会的責任を果たせる会社
　これからの保険代理店は、お客様の最善を考え、より高い次元で顧客本位の提案を実践することが必要です。

5．企業の理念・ビジョン達成の支援

　企業がコストを負担するのは理念とビジョンの達成のためであり、保険料も例外ではありません。そのため、顧客本位の業務運営を実践し、お客様との共通価値を実現していくために、お客様の理念とビジョンの達成に役立つための保険提案が求められます。ビジョン達成は毎年毎年の経営計画の達成の延長線上にあるため、毎年の経営計画を狂わせるリスクを保険という金融商品を活用することで保険料というコストに落とし込み、経営計画の達成確率を上げることでビジョン達成を支援することが求められます。

6．安心・安全で発展的な地域社会の創造

　保険代理店の地域社会への貢献は、第一義的には有事の際に企業や地域社会を守ることですが、リスクをいたずらに保険に移転して事故を増加させ、財務の脆弱化によって企業価値を低めることがあってはなりません。本来の顧客本位を考え、企業と地域社会に貢献するには、保険料を下げたいという企業のインセンティブを利用して事故を防止することで地域社会から事故を減らし、財務力を高めることで継続的な雇用や納税を実現することで、企業の価値向上と安心・安全で発展的な地域社会の創造を実現していくことも大切です。

顧客本位の視点

①最適な保険ポートフォリオの実現（最適な商品選択）
　⇒リスク環境の把握と財務状況の把握から最適な保険設計が導かれる

②安心・安全な経営・生活の実現（目的は保険購入ではない）
　⇒保険カバーできないリスクも考慮し、全社的な視点から最適保険設計を実現する

③保険を使わない経営の推奨（いかに事故を防止して保険を使わせないか）
　⇒保険を使わないことで企業の評価が高まり、保険料の削減につながる

④保険への依存度の低下（企業価値の向上につながる）
　⇒1番：事故が起きないこと　2番：財務力があること　3番：最適な保険活用

⑤企業の理念・ビジョン達成の支援（企業との共通価値の実現）
　⇒経営計画を狂わせるリスクを保険でカバーすることで、達成確率を高める

⑥安全・安心で発展的な地域社会の創造（財務強化と事故防止の推進）
　⇒保険料削減のインセンティブによる健全経営が安心・安全の社会を創造する

↓

顧客本位の保険提案が企業の健全化と地域社会の安心・安全と発展を支える

1. 顧客本位の提案と法人開拓を実現するリスクマネジメントの視点

③ 保険の価値を理解する

保険は社会に必要不可欠な支え合いの仕組みであり、私たちが以下のような保険の価値を正しく理解することが、保険を正しく活用し、経営に活かすために必要不可欠です。そして、それらの価値を企業経営に活かし、企業を守るだけでなく、企業の目的やビジョンの達成に貢献するためには企業経営やリスクマネジメントに関する幅広い知識が必要となります。

保険の基本的価値とは？

保険の基本的な価値とは、企業や個人の財務補てんですが、これらの価値を活用するということは、事故の発生を意味するため、重要ですが、発揮されない方が良い価値と言ってもいいでしょう。

◎個人や法人の資産の減少を補てんします

法人の場合の資産はＢ／Ｓ（貸借対照表）の左側の資産の部に明確にその内容と金額が記されています。法人の場合は株主からの出資や銀行からの借入等によって調達した資金で理念の実現やビジョンの達成のために運用を行い、様々な形で資産を有しているため、会社にはそれらの資産を適切に管理する責任があります。例えば、火災や地震等によって資産が減少するとそれだけ資本や売上やキャッシュの減少に繋がり、最悪の場合は債務超過となったり、存続ができなくなる可能性があります。そのため、基本的には事故を起こさないことが大切ですが、保険を活用することで減少した資産やその再取得費用を保険金でカバーすることが可能です。融資による資金調達は負債となりますが、保険金は特別利益としてＰ／Ｌ（損益計算書）に計上され、Ｂ／Ｓと共に企業の最終利益を守ることにも繋がるため、保険が適用できるリスクについてはできる限り保険を活用するのが得策と考えられます。

◎個人や法人の費用の損失を補てんします

事故が発生すると、毀損した財物の修理費用や第三者に対する損害賠償金等の通常では発生しない費用が発生することがあります。様々なリスクの発生によって被った費用の損失を補てんすることも保険の重要な価値です。企業の場合は、それらの被った損失は損益計算書の修繕費や特別損失として計上され、利益に影響を与え、最悪の場合は赤字決算を余儀なくされます。保険は損益計算書や経営計画に影響を与えるリスクを保険料という固定値のコストに変えることによって安定的な利益計上や経営計画の達成を可能にします。具体的には、事故が発生した場合には保険金が特別利益として計上されるため、それらの費用（特別損失等）と相殺されて利益を守ることが可能となります。

◎個人や法人の将来得られるべき所得や収入を補てんします

企業における事故は時として売上に大きな影響を与え、それが原因となって赤字決算や債務超過に陥り、廃業に至ることも考えられます。資産の減少は生産停止や商品・材料の滅失による売上減少に繋がりますし、費用の損失をもたらすＰＬ事故等の第三者賠償事故等は風評被害やリコールの発生を伴って売上の減少に繋がります。社長の死亡によって売上が減少することもあるでしょう。保険は企業の売上減少や収入減少を補てんする役割を担うことで、安定的な経営を支える役割を担っています。

保険の副次的価値とは？

保険の副次的価値は、事故発生を伴わず保険加入の時点で得られる価値も含まれますが、認識度が低いため、今後は以下のような価値についてもしっかりと企業に伝え活かしていく必要があるでしょう。

◎保険は人に安らぎや安心感を提供し、精神的負担を軽減します

保険は財務的なリスク移転の手段ですが、そのことによって人や企業に安心感を提供します。リスクを伴う活動も保険があることによって安心感を持って行うことができます。もしこの世に自動車保険がなければ皆さんは安心して自動車に乗れますか？ 生命保険や医療保険がなければ皆さんは日々を穏やかに過ごせるでしょうか？ そして正しく保険に入るということは、個人でいうと遺族の方々の安心感、企業の場合は取引先企業や従業員、消費者を中心とする社会への安心感の提供にもなるのです。

◎未来の不確実性を排除することで前向きな投資を可能にします

リスクを伴わない事業活動はありませんが、リスクのことばかりを考えていると事業活動に積極的な投資を行うことはできません。ＰＬ保険という保険があるからこそ、様々なリスクを伴う商品やサービスを提供したり、火災保険があるからこそ巨額の投資をして建物を所有することができるのです。保険がなければ、多くの企業は積極的な投資を敬遠し、今のような豊かな社会にはなっていないかもしれません。また保険は企業の必要利益を圧縮し、資金の流動化を通して投資を促進する機能も果たします。

◎保険は個人や法人のリスクマネジメント機能の発展を促進します

リスクマネジメントに完璧はありません。想定外の事故が発生した場合や自社の財務力を超えるリスクが発生した時に、最後に企業を守るのは保険です。また、保険料は企業のリスク量を測るバロメータでもあり、事故対応や損害査定のサービスによって損失額が明確になり、リスクマネジメント活動に活かすことが可能になります。さらに、保険料を下げたいというインセンティブによってリスクマネジメント活動が促進されたり、資金的な裏付けによってリコール発動等の企業の正しい判断・意思決定を支援します。

保険の基本的価値

- 個人や法人の資産の減少を補てんします
- 個人や法人の費用の損失を補てんします
- 個人や法人の将来得られるべき所得や収入を補てんします

保険の副次的価値

- 保険は人に安らぎや安心感を提供し、精神的な負担を軽減します
- 未来の不確実性を排除することで、前向きな投資を可能にします
- 保険は個人や法人のリスクマネジメント機能の発展を促進します

＊小冊子「保険代理業者ＣＲＥＤＯ」より引用

1. 顧客本位の提案と法人開拓を実現するリスクマネジメントの視点

④ 保険提案のプロセス

リスクマネジメントプロセス全体に関わることなく、リスク対策の一手段である保険の見積作成と提案を繰り返すだけでは、企業との深い関係性を構築できず、保険商品の優劣で契約を断られることにビクビクすることになってしまいます。これからの代理店は、理念やビジョンと保険の結び付きを伝え、リスクアセスメントという重要なステップを支援することで、より深く企業に関わることが重要になります。

ステップ1：企業の理解

リスクの定義は「目的に対する不確かさの影響」（ISO31000）であり、リスクは「原点からの乖離」と「環境への不適応」から生じます。目的やビジョン、企業を取り巻く環境が明確になることによって初めてその企業のリスクが見えてきます。

①理念・ビジョンの把握

保険代理店として企業活動の支援を行うということは、言い換えるとその会社の理念やあるべき姿、将来ビジョンの達成のために保険を活用するということであり、その会社の理念・ビジョン・経営計画等を知らずして支援を行うことはできません。

②経営環境の把握

理念・ビジョンの実現に必要不可欠な企業の経営資源や企業を取り巻く環境の把握を通して目的達成の阻害要因であるリスクを認識します。また、財務力を把握することから保険の必要性が見えてくるため、財務状況の把握も非常に重要です。

ステップ2：リスクアセスメント

保険を企業経営に活かすには、全社的なリスクマネジメント活動の一環として保険を考えていく必要があり、そのためには対策を検討する前に、下記のステップでリスクアセスメントを実施してリスクを洗い出し、分析結果に基づいて対策を実行するリスク及びその優先順位を決めなければなりません。詳細はP12を参照ください。

③リスク特定

その会社が抱えるリスクを洗い出すこと。その会社が認識していないリスクがあると非常に危険です。企業が安定的に経営を行うには保険でカバーできないリスクも含めて全体像が見えていることが重要です。

④リスク分析

リスクの起こりやすさと結果（損失の大きさ）を分析するプロセスです。どのような事故がどのように発生し、どのような損失をもたらすかについてしっかりと把握します。

⑤リスク評価

リスクの分析結果をリスクマトリクス（リスクマップ）にプロットし、数あるリスクの中から重要性の高いリスクを認識し、対応が必要なリスク及びその優先順位を明確にする必要があります。

保険活用を考える上においても、商品の比較も非常に重要ですが、それ以上に重要なのはリスク対策の優先順位を間違えないことです。

ステップ3：リスク対策の検討

保険はリスク対策の一手法であり、企業にとって最適な対策は保険とは限りません。適切な対策は企業の価値観や戦略、リスク環境や財務状況及び対策予算によっても大きく異なるため、経営計画の作成段階で検討されることが望ましいでしょう。

⑥リスク対策の検討

リスク対策には大きくリスクコントロール対策とリスクファイナンシング対策がありますが、検討の手順としては、まずリスクコントロールから検討し、次にリスクファイナンシング対策の保有対策を検討し、最後の手段としてリスク移転としての保険活用等を検討します。適切な保険設計は保険以外のリスク対策の実施状況に大きく影響を受けるため、保険以外のリスク対策を踏まえて保険設計を行うことが重要であり、手順に基づいた提案が必要となります。詳細はP14を参照ください。

⑦経営計画への落し込み

最適なリスク対策（保険を含め）を選択すると、実施の手順及び期限を定め、経営計画に落し込みます。保険の見直しに最適なタイミングは基本的には１年間の活動と予算が設定される経営計画の作成時（決算時等）です。保険始期はリスクアタッチの関係からバラバラになりますが、保険の見直しは全社的な視点から考えるためにも年に１度のタイミングにすべきでしょう。詳細はP34を参照ください。

ステップ1：企業の理解	
①理念・ビジョンの把握	企業の理念・価値観、目指すべき将来像の理解
②経営環境の把握	経営を取り巻く環境、決算書および事業の実態把握

ステップ2：リスクアセスメント	
③リスク特定	全てのリスクを洗い出す（保険活用できないものを含む）
④リスク分析	起こりやすさ・結果（損失の大きさ）・リスク源の分析
⑤リスク評価	対応すべきリスクの明確化と優先順位付け

ステップ3：リスク対応の検討	
⑥リスク対策の検討	リスクコントロール対策・リスクファイナンシング対策
⑦経営計画への落し込み	経営計画へリスクの視点を織り込む

1．顧客本位の提案と法人開拓を実現するリスクマネジメントの視点

⑤ リスクアセスメントの重要性

保険提案の3つのポイント

保険代理店として企業に適切な保険提案を行うためには、まずリスクアセスメントを実施し、①お客様の抱えるリスクを全社的に把握し、②財務力を把握することで保険の必要性を認識し、③リスク対策の優先順位を決定するという以下の3つのポイントを押さえることが重要です。

1．リスク環境の把握

リスク対策の前提はリスクを認識していることであり、最も怖いのはリスクがあるにもかかわらず、そのリスクに気付いていないことです。そのため、まずは自社が抱えるリスクを保険でカバーできないリスクも含めて全社的に認識することが最も重要です。保険代理店の使命はお客様を守ることであり、一つのリスクに一つの保険といった部分正解を追求することではなく、その会社のリスクの全体像を把握し、全体正解を導くことを考えなければなりません。単種目販売の場合は、一つの保険しか見えていないため、どうしても一つのリスクに一つの保険という部分正解が優先してしまい、その結果として全体的にバランスの悪い保険設計・保険料配分に陥っているケースが多いと考えられます。

2．財務基準の明確化

企業の保険活用の目的は財務諸表を守ることであり、結果として財務的に物や人を守ることに繋がります。言い換えるとその会社のB／S（貸借対照表）及びP／L（損益計算書）を守ることです。そのためには、B／S及びP／Lをしっかりと把握した上で、財務諸表に大きな影響を与えるリスクについて保険を検討する必要があります。まず、財務諸表から自社の財務基準を定め、どの程度リスクを保有でき、いくらの損失で赤字や債務超過に陥るのかを把握することで、個々のリスクへの保険の必要性を認識することが重要です。また、個々のリスクの分析を行う場合にも、財務諸表から様々なリスク及びそのリスク量に関する情報を得ることが可能となります。

3．リスク対策の優先順位

多くの企業では、保険を検討するに当たって、個々の保険内容や保険料の検討に終始し、リスクの全体から対策の優先順位を検討するというプロセスが全く行われていません。そのため、重要リスクには保険がなく、優先順位の低いリスクに保険が掛かっているというアンバランスな状態が非常に多くなっています。しかしながら、保険商品の選択を間違えることよりもリスク対策の優先順位を間違えることの方が企業にとっては大きな問題であることを認識する必要があります。個々の保険料の削減は当然大切なことですが、会社全体のリスクマネジメントの視点から考えると、保険料を減額したいのであれば、リスク対策の優先順位を考慮して、優先順位の高いリスクに関わる保険料を削減するのではなく、まず優先順位の低いリスクに支払われている保険料から削減することで保険料総額を削減するのが正しい判断となります。

リスクアセスメント（リスクマトリクスの作成）

保険提案の3つのポイントを押さえるためには、リスクアセスメントを通してリスクマトリクスを作成することが大切です。自社のリスク基準を明確にし、その基準に基づいてリスクマトリクスを作成し、リスクを当てはめることで重要性や優先順位が見えてきます。以下に一般的な財務基準の例を紹介します。

①リスク境界値

廃業に至る規模の基準。一般的に貸借対照表の純資産（自己資本）を用いることが多く、この額を上回るリスクが発生した場合には会社は債務超過に陥り、企業価値を失う可能性があるため、基本的には保険によってリスクを移転すべきでしょう。

②事業危険値

赤字決算に陥る基準。一般的には損益計算書の経常利益を用いることが多く、この境界値を超えるリスクが発生すると、赤字決算に陥る可能性があるため、できる限り保険を活用し、この境界線を下回るリスクは経営計画に大きな影響を与えるため引当金等で計画的に保有することも検討すべきでしょう。

③保有限度値

財務的影響を保有できる基準。損益計算書の税引後当期利益や貸借対照表のキャッシュ額等を用いることが多く、基本的にはこの保有限度値を下回るリスクについては財務的な対策を取らず、積極的に保有することが得策と考えられます。

注）財務的な基準の置き方は企業によって異なります。上記の財務諸表の基準はあくまでも一つの参考例です。その他にも、キャッシュフローや売上を基準とした設定も考えられます。

注）経営者や取締役は管理義務・注意義務を果たすためにも、全社的なリスクを把握し、保険によってカバーできているリスク、できていないリスクを認識しておくことが重要です。

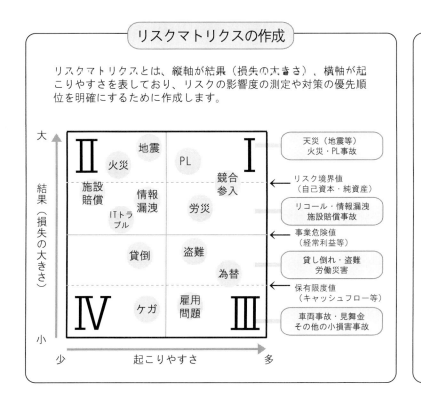

1．顧客本位の提案と法人開拓を実現するリスクマネジメントの視点

⑥ リスク対策の全体像から考える

リスク対策の全体像

　リスク対策は図1のように、大きくリスクコントロール対策とリスクファイナンシング対策に分けられます。リスクコントロールとは事故の起こりやすさを低めたり、結果（損失の大きさ）を減少させたりする技術的対策であり、リスクファイナンシングとはリスクに対応するための財務的対策です。

図1

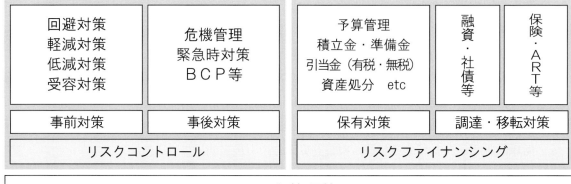

1．リスクコントロール対策

　事故は起きないことが最も良いということは以前にも述べた通りですが、事故の発生を未然に防いだり、損失を最小限にとどめようという取組みがリスクコントロールです。リスクコントロール対策には、図1のように事前対策と事後対策があります。企業が社会的責任を果たすために求められているのは、内部統制やコンプライアンス、コーポレートガバナンスといったリスクコントロールであり、リスク対策の中でも優先すべき対策です。また、リスクコントロールは、財務対策としての保険調達にも大きな影響を与えます。つまり、保険契約の内容を変えなくても、リスクコントロール対策を徹底することによってリスク量を下げ、保険料の削減に繋げることも可能となります。具体的な対策イメージは図2を参照ください。

2．リスクファイナンシング対策

　リスクファイナンシングは図1のように、大きく「保有対策」と「調達・移転対策」に分かれます。基本的には自社の財務力でリスクを吸収するリスク保有を前提に考え、保有できないリスクに対して調達・移転手法を考えることが重要です。保有対策には損益計算書の利益の範囲で対応するケースと貸借対照表の純資産（自己資本）の範囲で対応するケースがあります。調達の代表が融資であり、移転手法の代表が保険ということになりますが、いずれも自社の保有の限界値を超えるリスクに対して初めてその必要性が認識されることを忘れてはいけません。保有対策が充実し、財務基盤が強化されるほど調達・保険への依存度は低下し、利息や保険料の削減をもたらします。具体的な対策イメージは図3を参照ください。

正しい意思決定と提案を導くために

1．提案の優先順位と手順

どれだけ財務的余力がある企業でも、事故を起こして良い訳ではありません。リスクがある以上、企業は事故発生の抑制と被害の最小化を図る責任があり、そこでコントロールし切れなかったリスクに対して、企業の社会的責任を果たし、会社を存続させるために財務的な準備として保有できるリスクは保有し、保有できないリスクに対して調達・移転を行うのです。いきなり保険の話をすることで、経営者の正しい意思決定を妨げることにならないように注意が必要です。

2．適切な保険提案と経営者の納得感

上記の手順で検討することで、経営者に保険に加入する納得感が生まれ、保険の効率化にも繋がります。リスクコントロールにも限界があり、保有ができないから保険に入るというプロセスを経営者に認識してもらうことと、コントロールと保有の実施状況によって保険の入り方が変わり、コントロールや保有の決断によって保険を効率化することが可能であることを理解していただくことが大切です。また保険代理店にとっても、リスクコントロール状況や保有状況を把握することで最適な保険設計が可能になります。

3．保有をするか否かが重要な意思決定である

保険に関する経営者の正しい意思決定を導くには、保険に入るか否かではなく、リスク保有をするか否かの判断を仰ぐことが重要です。保険に入るか否かを聞くと、基本的に否定的になりますし、必ず支払う保険料の話になってしまいます。経営者にとって重要な意思決定は安い保険に入ることではなく、有事の際に会社の存続が危うくなり、経営者の破産にも繋がるようなリスクを保有するか否かの意思決定であり、保有しないもしくは保有できないという意思決定が保険に入るという判断に繋がります。

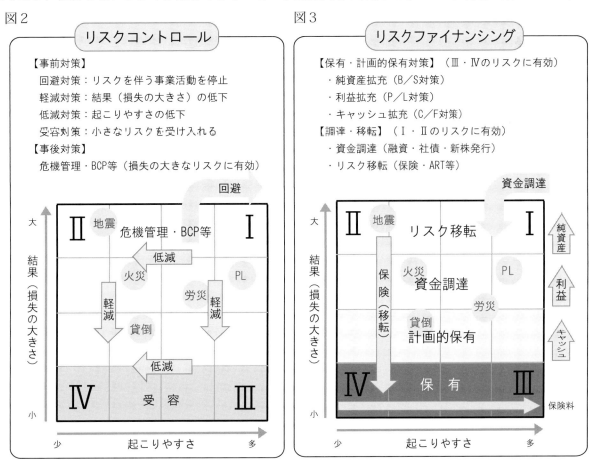

1．顧客本位の提案と法人開拓を実現するリスクマネジメントの視点

7 リスクファイナンシング

　ここでは、保険との関係性が強いリスクファイナンシングについてもう少し詳しく説明をしていきたいと思います。強い財務を作り上げるための要素としては、一般的に保有・調達・移転があると思いますが、対策ごとに特徴があるため、リスク特性にあった対策を選択することが重要です。

リスクファイナンシングとは？

1．保有

　リスクファイナンシングの最初のステップはP／Lの利益でのリスクの吸収ですが、具体的には図1の「経費処理」と「引当金」となります。経費処理とは「ロス（損失）」を予め予算を立てて管理することを意味します。多くの企業では「ロス（損失）」と「コスト（費用）」を個別に管理していませんが、頻度が高い「ロス（損失）」は予算管理をすることが重要です。引当金は一定の基準を満たす場合は計上が可能であり、予測できるロスを平準化してコスト化することで安定的な経営が可能になります。次に利益で保有できないリスクに対しては、B／Sの資産で対応し、最終的には自己資本で吸収しますが、単なる自己資本の減少は企業価値の減少に繋がりますし、株主利益を大きく損ねることになり、場合によっては株主代表訴訟に繋がる可能性も否定できません。そのため「自家保険積立金」等の勘定科目を作成し、有事の際に取り崩すことを前提とした資金であることを明確化することが重要です。最近ではキャプティブを活用する企業も出てきています。保有対策の特徴としては、あらゆるリスクに対応できますが、対策を打つのに時間が掛かり、予測を誤ると甚大なリスクを被ることになりますが、利益や自己資本の拡充に繋がり、調達・移転対策の効率化にも繋がります。基本的に起こりやすく、損害額が小額もしくは予測できるリスクは保有対策を積極的に活用すべきでしょう。

2．調達

　利益や純資産で保有できないリスクが発生した場合には、様々な資金調達によって対応することが考えられます。中小企業の場合は融資による資金調達が一般的ですが、負債が増えるため財務的な悪化が避けられないことや、事故発生による損失補てんの融資は非常に厳しいため、財務上の制限はありますが、コミットメントライン等を検討するのが良いと思われます。増資による資金調達は、株主利益の尊重や経営権の問題を伴うため注意が必要ですし、社債発行には格付け等が必要なので、あまり中小企業にはなじまないかもしれません。特徴としては、あらゆるリスクに対応可能ですが、対策実行に制限があり、事前対策のための資金調達には有用ですが、有事の際の損失補てんは困難なケースが考えられます。

3．移転

　代表的な移転手法は「保険」であり、中小企業の移転対策としては保険を活用するのが一般的です。それ以外にも「保証」や「リスクの証券化」「デリバティブ」等のART（代替的リスク移転手法）がありますが、保険会社が引き受けできないような特殊なリスクへの対応が中心であり、コストも掛かるため、中小企業には適さない場合があります。特徴としては、特定のリスクにしか対応できませんが、比較的短時間で対策実行が可能であり、大きなリスクを確実にコスト化できることが魅力ですが、保険会社等の引き受けに依存するため、注意が必要です。起こりやすさは低いですが、大きな損失に繋がるリスクに最適です。

強い財務の構築のために

強い財務を構築する大前提は保有対策（利益と自己資本の拡充）であり、中小企業にとって調達や移転の活用は必要不可欠ですが、過度の依存は非常に危険です。それは以下の2つの理由によります。

1．利益と自己資本が資金調達力と保険調達力を決める

資金調達力とはいかに安い金利で多くのお金を調達できるかですが、それを決めるのは会社の健全性（財務内容）であり、基本的には利益や自己資本がその大きな判断材料になります。また、保険調達力とは保険の引き受けの可否及びいかに安い保険料で保険を調達できるかであり、それを高めるためにはリスクコントロールによってリスク量を減らすか、保有能力を高めて保険への依存度を下げるかであり、こちらも利益と自己資本が一つの判断基準となります。つまり、資金調達力と保険調達力の強化には利益と自己資本（保有力）が大きく関係しているのです。

2．資金調達と保険調達は外部依存である

調達や移転はあくまでも外部依存であり、必要なタイミングで必要な資金や補償等を調達できるとは限りませんし、いつまでも継続するとも限りません。そのため、銀行や保険会社に依存しなくても事業継続ができる財務基盤を構築しておかなければ、いざという時に事業継続が困難になってしまいます。銀行や保険会社に過度に依存している状況は、実は不安定な状態だということを認識し、自社の財務基盤を拡大し、銀行や保険会社をうまく活用することが必要です。保険引き受けは企業に安心感を与えますが、それによって事故が多発すると、保険引き受けを拒絶される可能性があるので注意が必要です。

図1

	具体的対策	特徴
保有	企業（グループ）内での損失を負担する自己金融 ①経費処理（利益で吸収、予算管理） ②引当金等（コストの平準化） ③自家保険（純資産に積み立て） ④キャプティブ（海外の保険子会社で再保険を実施）	・あらゆるリスクに対応できる ・対策を打つのに時間がかかる ・予測を誤ると対応できない可能性がある ・利益・自己資本の拡充につながる ・調達・移転対策の効率化をもたらす
調達	返済や資産減少を伴う第三者からの資金調達 ①銀行融資等 ②融資予約等（コミットメントライン） ③増資 ④社債発行	・あらゆるリスクに対応できる ・対策の実行に制限がある ・組織の安定性を減少させる（負債が増加する） ・安定的な経営基盤があることが前提となる ・有事の際の損失額や存続可能性に左右される
移転	契約により第三者に損失を負担してもらうもの ①保険（損害保険・生命保険） ②保証業務（債権・品質・サービス保証等） ③リスクの証券化 ④デリバティブ（オプション等）	・特定のリスクにしか対応できない ・すぐに対応が打てる ・保険料という形で確実にコスト化がしやすい ・リスク量が多い場合には引き受けが難しい ・大きなリスクに対応できる

保有対策の充実が資金調達力や保険調達力を高めることにつながり、高い財務を構築する

【保有対策】　利益（P/L対策）　純資産（B/S対策）　⇒　【調達・移転対策】　調達（資金調達力）　移転（保険調達力）

1. 顧客本位の提案と法人開拓を実現するリスクマネジメントの視点

8 利益の確保（P／Lを守る）

　健全な企業の前提条件は安定的な利益を上げることによって将来のリスクに耐えうる財務基盤を構築することです。P／Lに影響を与えるリスクを内的・外的要因から特定し、経費増大と売上減少への対処法を考えていきます。また、企業の存続を支えているのはキャッシュフローであり、利益を上げていてもお金が無ければ企業は存続できません。損益計算書上の利益だけではなく、キャッシュフローがマイナスにならないように、キャッシュの動きを見ることも非常に重要であり、損益計算書（P／L）とキャッシュフロー計算書（C／F）の両面から検討することが重要です。

1．利益の必要性

　利益は決して企業の目的ではありませんが、企業活動の存続・発展に必要不可欠なものであり、リスク対応力を大きく向上させます。利益があるからこそ将来の様々な環境変化に対応して先行投資もできますし、様々なリスクを吸収することも可能になるのです。そして、その利益を安定的に生み出すのもリスクマネジメントであり、現在の利益はリスクマネジメントの結果であり、それが未来のリスクマネジメントに繋がっていくということをしっかりと認識する必要があります。さらに、利益は従業員の処遇の向上や株主価値の増大、取引先や金融機関への信頼度の増大にも繋がり、組織の発展・価値の向上をもたらします。

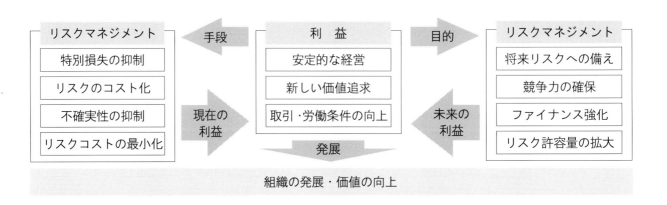

2．キャッシュフローの重要性

　保険は財務を守るものですが、もう少し厳密な言い方をしますと、保険は企業の資金繰り（キャッシュフロー）を補完する役割を担っています。黒字倒産と言われるように、企業は利益があってもお金（キャッシュ）の不足によって倒産することもあり、保険を検討する上でもキャッシュの動きをしっかりと把握する必要があります。キャッシュに焦点を当てるということは、会計上の処理である「売上・経費」ではなく実際のお金の出入りである「収入・支出」に焦点を当てるということです。具体的には、建物等の資産の滅失などは特別損失として費用計上されますが、再取得をしなければキャッシュアウトは発生しませんし、貸倒や売掛金の増加は売上減少ではありませんが、収入減少となってキャッシュに影響を与えます。つまり、経費となっても支出が伴わないものは保険の必要性は低く、支出を伴う経費（損失）の増大に対して優先的に保険を掛ける必要があります。そのため、保険活用についても売上・経費だけではなく、キャッシュアウトの増加やキャッシュインの減少にも焦点を当てて考えることが必要となってきます。

3．売上減少（収入減少）

　売上の減少に繋がるリスクを洗い出し、売上の減少額を想定して対応策を検討します。売上の減少をもたらす内的要因としては火災等による店舗休業、コンプライアンス違反による入札の停止、競争力や販売力の低下等が考えられ、外的要因としては消費者ニーズの変化や天災（地震や天候等）等が考えられます。一般的に売上減少リスクに対する保険としては利益保険や営業継続費用保険等がありますが、経営戦略上の問題や競争力の減退等の意思決定に基づくリスクや、消費者ニーズの変化や法律改定等の経営環境の変化のような保険活用が難しいリスクが多いのが実態です。そのため、まずは保険でカバーできる範囲を明確にし、保険対応が難しいリスクに対してはしっかりと経営者と情報を共有し、リスクコントロール対策や他のファイナンシング対策（リスクファンドの構築等）を講じることが重要です。具体的には、固定比率を下げれば売上減少の際に柔軟に利益を確保することが容易になりますし、保険が使えないリスクや保険金支払いに時間が掛かる場合に備えて生命保険等を活用して緊急的な資金を準備しておくことも大切です。

4．経費増加（支出増加）

　経費の増大は利益を圧縮し、赤字決算や債務超過をもたらす可能性もあります。経費には製造原価や販売費及び一般管理費（販管費）、営業外費用や特別損失等がありますが、それぞれの費用を増大させるリスクを洗い出し、対応策を検討します。粗利を確保するためには製造原価、営業利益を確保するためには販管費、経常利益の確保のためには営業外損失の増加に対応しなければなりませんし、最終的な税引前利益を確保するためには、様々な事件・事故等からもたらされる特別損失を保険等でカバーすることが求められます。そもそも保険の効用は利益額を超えるようなリスク（変動値）を保険料というコスト（固定値）に変えて安定的な利益を計上することにありますが、具体的には、事故の発生による損失額が特別損失に計上され、受け取った保険金が特別利益として計上されることによって損益が相殺されます。基本的には予定利益額の範囲で収まるリスクについては積極的に保有を行い、リスクをコントロールすることが前提となりますが、利益額を超えるリスクについてはできる限り保険等でリスクを移転することが重要です。

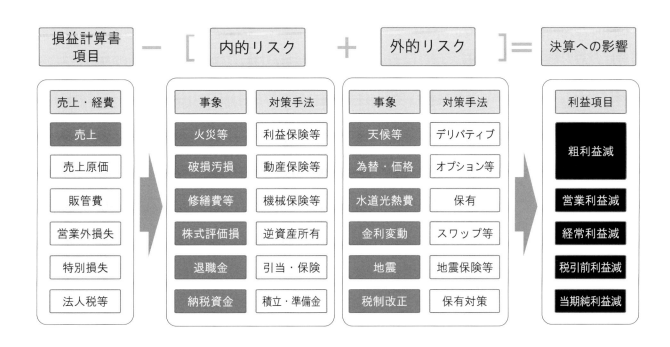

1．顧客本位の提案と法人開拓を実現するリスクマネジメントの視点

⑨ 資産の保全（B／Sを守る）

　貸借対照表は決算時における資産と負債の状況を表したものであり、右側には資金の調達方法、左側には資金使途（資産）が記載されています。売上は資産の利回りであり、資産の減少は売上の減少に繋がるため、保険を活用することで資産や売上の減少に対応する必要があります。

1．流動資産の保全

　流動資産は1年以内に資金化する予定の資産であり、具体的には現預金や売掛金、材料・商品・半製品等が挙げられます。これらの資産については、その保管状況によって盗難や地震、火災等で失う可能性があります。また、売掛金や受取手形等は売上債権となるため、取引先の倒産等によって失う可能性が想定されます。基本的に流動資産はその時々によって金額が変動する可能性が高いことが特徴であり、これらの資産が失われた場合は、早期にキャッシュフローに影響する可能性が高いため緊急的な対応が必要とされるケースもあります。

2．固定資産の保全

　固定資産は1年以上の長期にわたって所有する資産であり、保険でカバーすべき高額な資産が含まれます。一般的には建物・設備・什器・車両等が考えられ、火災や自動車事故、地震等の際の財物損失をカバーするための保険が必要となります。また、様々な資産がある中で、売上に大きく貢献している資産（再調達が必要な資産）や取得の際の借入が残っているような資産（二重ローンとなる可能性があるため）は優先的に対処する必要があると考えられます。しかし、決算書に載っている金額は実態の価値と乖離があるケース（含み益・含み損）も多いため、保険金額の設定には十分に注意をする必要があります。資産によっては、再調達に時間が掛かり、生産停止によって長期に売上が減少する可能性もあるため注意が必要です。そのような資産については保険も重要ですが、いかに資産を守るかというコントロールの視点も必要でしょう。再調達の必要がなく、キャッシュフローに影響を与えない資産は保険の優先順位も低くなります。

3．負債の縮小・支払準備

　負債項目には将来的に支払わなければならない項目が挙げられているため、将来の支払に備えた資金的な準備が必要となります。例えば、退職給与引当金については将来確実に発生する損失であることを前提に資金手当が必要であり、生命保険等の保険を有効に活用することが求められます。また、長期借入金に依存して設備投資をしている企業については、借入金が残っている資産に対する保険手当は必須となります。中小企業の場合は借入の際に経営者が連帯保証をしているケースも多く、経営者の遺族や事業承継のためにも、経営者の死亡リスクに備えて、借入金額等に応じた生命保険を準備することも重要です。リスク顕在時における融資等による資金調達は、困難性が高く、その場はしのげても負債を増加させて将来に返済リスクを残すことになりますが、保険による資金調達は損益計算書を通して純資産に組み込まれるため返済もありません。保険調達が可能なリスクについてはできる限り保険を活用すべきでしょう。

4．決算書に載らない資産・負債について

　中小企業の決算書には、重要な資産や負債が載っていない場合があるので注意が必要です。具体的には、決算書に載っていない資産としては「人」「ブランド」「信用」等が考えられます。中小企業の場合は「人」が会社のノウハウや技術や仕組みを構築し、社風や信用等の会社の価値を支えているため、人的資産への依存度が高い企業も多く、しかるべき対策が必要です。しかし、お金で人や技術や経験が買えるわけではありません。大切なのは、いかにリスクをコントロールして優秀な人材を失わないようにするかです。また、ブランド下落や信用失墜も売上等に大きな影響をもたらしますが、いずれも保険でのカバーには限界があるため、いかに事故を起こさないかを考える必要があるでしょう。一方、負債でありながら決算書に載っていないものとしては、労働契約によって将来の支払が約束されている福利厚生や退職金、リース契約等が考えられ、保険を活用した資金準備が必要となるケースがあります。

5．保険でカバーできないリスクについて

　お客様を守る立場として、保険でカバーできないリスクに対しては「資金調達」や「資本調達」についても考慮することが大切です。基本的には利益と自己資本でリスクを吸収することが求められるため、計画的に保有対策を取ることが大切ですが、そこには限界があります。一定の規模や信用力がある企業については、銀行との融資予約（クレジットライン）や社債発行、証券化等による資金調達や新株発行による資本調達も考えられます。しかしながら、一般の中小企業は手段が限られてくるため適切にリスクコントロールを行うと共に、生命保険等を活用して緊急時の予備資金を準備しておくことが大切と言えます。また、債権者に対する支払責任を履行できない場合においては、支払猶予や繰延を債権者に依頼することも必要な対策となります。

図1

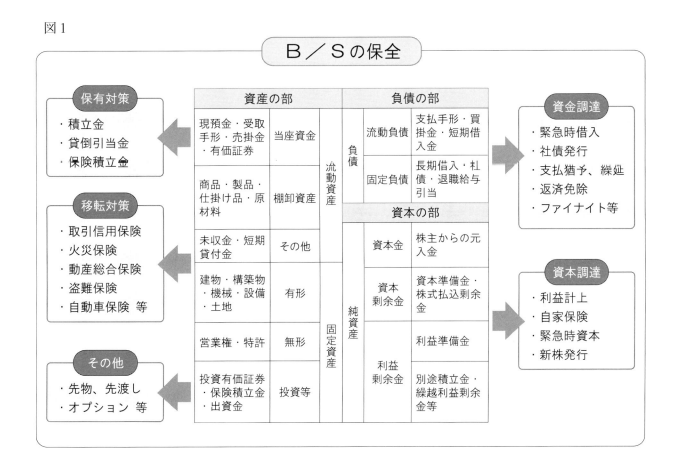

1. 顧客本位の提案と法人開拓を実現するリスクマネジメントの視点

10 保険見直しのステップ

　保険の見直しというと、保険料の削減をイメージする方も多いかと思いますが、リスクマネジメントの視点から考えることで幅広い見直しの視点を持つことができます。ここで言う保険の見直しは大きく「保険契約の見直し」と「保険以外の対策の見直し」に分けられ、さらにそれらがレベル1からレベル4の「保険契約の効率化」「保険契約の適正化」「保有体制の確立」「リスクコントロール」に分けられます。レベル1の見直しは多くの企業が実践していると思いますが、レベル2の見直しは不十分な企業が多く、レベル3及びレベル4の見直しに至っては多くの企業が実践していないと考えられます。結果として保険料の大幅削減に繋がる可能性は十分ありますが、逆に保険料が増えるケースも想定されます。最終的には様々な情報に基づいた説得力のある提案を通した最適な保険活用を実現することで企業価値を高めることが大切です。

保険契約の見直し

　保険契約の見直しはその会社にとって本当に効率的・効果的な保険に入れているか否か、その企業の規模・特性に応じた適切な保険に入れているか否かを確認するプロセスになります。

レベル1．保険契約の効率化

　契約の効率化とは、最適商品の選択が目的であり、保険の入り方や商品の選択によって保険料削減に繋がる可能性をチェックすることです。一般的にはこのレベル1の見直しは大抵の企業は行っているはずですが、実施していない企業はまずここから見直すべきでしょう。具体的には以下のような視点でチェックします。

- 無駄や重複の確認⇒無駄な保険や補償が重複している保険はないか？
- 補償を限定する⇒総合保険や包括保険、パッケージ型の保険等で無駄な補償がついていないか？
- レート交渉⇒不当に高い保険料で保険に入っていないか？
- 長期契約への移行⇒長期係数を用いることで割安な保険に入ることができないか？
- 保険商品の選択⇒現在の契約よりも有利な条件や保険料で引き受ける保険会社・保険商品はないか？

レベル2：保険契約の適正化

　契約の適正化とは、企業の規模・特性に見合った保険になっているか否かの確認であり、保険商品の知識しかなければレベル1の見直ししかできませんが、リスクマネジメントの知識や財務・人事等の経営に関わる知識を習得することで、レベル2の見直しをすることが可能になります。具体的な視点は以下の通りです。

- 財務力との整合性⇒財務力・保有能力に見合った保険になっているか？
- 優先順位の適切性⇒優先順位の高いリスクから優先的に保険付保がなされているか？
- 理念や価値観との整合性⇒理念や価値観を保険選択の視点として織り込んでいるか？
- ステークホルダーの視点⇒優先順位の高いステークホルダへの影響を考慮しているか？
- 社内規程との整合性⇒保険ありきの規程になっていないか？　規程と補償内容にギャップはないか？

保険以外の対策の見直し

保険以外の対策の見直しとは、財務的な保有対策とリスクコントロール対策を含めたリスク対策の全体像から総合的な見直しを行うことでさらなる保険の有効活用を実現する取組みです。これらは能動的に保険料をコントロールする取組みでもあり、企業価値を高めながら保険への依存度を下げていくことにも繋がるため、これからの顧客本位の業務運営には欠かせない見直し方法です。

レベル3：保有体制の確立

財務力を蓄えて保険への依存度を低下させることで、保険の効果的・効率的な活用を可能にすると共に、保険の補償機能でカバーできないリスクへのファンド構築にも繋がります。具体的には以下のような取組みが考えられます。

- 利益の中で吸収する：利益の範囲内でリスクを保有する。（予算化・引当等）
- 自己資本を蓄積する：自己資本の範囲内でリスクを保有する。（自家保険積立金等）
- リスクファンドの構築：計画的にリスクに対応するためのファンドを構築する。
- 既存ファンドの活用：既にある資産の一部をファンドとして利用する。（役員退職準備金等）
- 金融商品の活用：生命保険やセーフティー共済等を利用してファンドを構築する。

レベル4：リスクコントロール

リスクコントロールによって事故の起こりやすさや結果（損失の大きさ）を下げる取組みであり、企業の信用力や価値を高めながら保険への依存を低下させ、保険の効果的・効率的な活用を実現します。具体的には以下のような取組みが考えられます。

- 事故実績等の共有：実際の事故実績に応じた保険設計・保険料算出。
- 活動状況等の共有：リスクコントロールの取組み状況に応じた保険設計・保険料算出。
- 起こりやすさの低減：事故の起こりやすさの低減による保険への依存度低下。
- 結果（損失）の軽減：損失額を軽減することによる保険への依存度低下。（BCP等）
- リスクの回避・移転：リスクを無くすことでリスクを保有する。

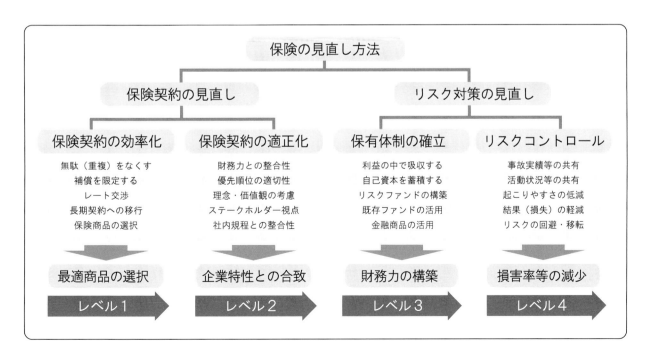

1．顧客本位の提案と法人開拓を実現するリスクマネジメントの視点

⑪ 保険契約の適正化の基礎知識（レベル２）

保険契約の見直し

　保険契約の見直しには現在加入している保険の無駄（重複）の排除や補償の限定やレート交渉等によって行う保険契約の効率化（レベル１）と、自社の財務力や規模・特性及びリスク環境に見合った保険契約の適正化（レベル２）がありますが、ここでは保険契約の適正化（レベル２）の二つの視点について説明します。

1．財務的適正化

　財務的適正化のポイントは図１にありますように、①財務力を考慮しているか？　②リスク量を考慮しているか？　③適切な保険設計と商品選択をしているか？　の３つになります。この３つのポイントに基づいた保険提案を行うためには、しっかりと決算書等から保有できる財務基準を把握すること、リスク顕在時の損失額（財務的影響）を把握すること、必要に応じて様々な保険商品のカスタマイズを実施することが大切です。

　財務的適正化のためには、まずB／S（貸借対照表）とP／L（損益計算書）とキャッシュに焦点を当てて、財務的にどこまでリスクに耐えることができるかを検証します。保険は自社の財務力では対応できないリスクについて活用するものであり、どこまでリスクを保有できるかという財務力の把握が前提です。その上で、どこまでリスクを保有するかを決定し、それに基づいて保険が検討されます。

　次に損失額（財務的影響度）を把握しますが、そのためには様々なリスクが企業にどのような影響を及ぼすかを理解する必要があります。影響領域は大きく「経営資源（建物・ブランド・人財等）」「ステークホルダー（消費者・株主・従業員）」「その他（行政処分等）」に分かれますが、これらへの影響を理解することからスタートし、それらが企業の財務に与える影響を検証する必要があります。財務的な影響はB／S（貸借対照表）とP／L（損益計算書）への影響になりますが、具体的には①費用損失、②資産減少、③売上減少の視点から把握していきます。
　留意点としては、派生リスクをどこまで考慮するかです。具体的には工場火災があった場合、直接リスクとしては建物の焼失になりますが、派生リスクとして生産停止や労働災害、第三者賠償等に繋がる可能性があります。このような派生リスクをどこまで考慮するかによって影響額は大きく変わってきます。

　そして、自社の財務力やリスクの財務的な影響が把握できたら、対策としてはできる限り保有することを考え、保有できない部分に対して保険を掛けることが必要です。最終的には保有額の決定とリスクの財務的影響を考慮して保険を設計しますが、リスクごとに保険の必要性を検証し、どのリスクにどの程度の保険を掛けるべきかを適切に理解することが大切であり、最後にそれらのニーズに最適な保険設計を行い、商品を選択し、必要に応じてカスタマイズを行います。

2．経営的適正化

　経営的適正化のポイントは図2のように、①企業目的を考慮しているか？　②企業のリスク実態に基づいているか？　③対外的に説明できる保険内容か？　の3つになります。このポイントに基づいた保険提案を行うためには、図2にあるように、まず「企業目的」を理解し、その達成を阻害する「リスク実態」を把握し、それらをしっかり考慮することによって、対外的に説明できるような保険設計を行うことが重要です。

　まず、保険は「企業目的」の達成の手段として活用されるものであり、具体的には3つの視点をしっかり理解することが重要です。将来のビジョンや目標達成を阻害するリスクに対応することで「成長・発展」に貢献しているか？　他のリスク対策との比較検証の中で保険の活用が最も「企業価値」を高めているか？　社会に与える影響を最小限にすることで「社会的責任」を果たせるような保険内容になっているか？　です。

　リスク実態の把握は、全体的な視点で「外部環境」「内部環境」の両面から行い、優先順位の高いリスクから対策を検討する必要があります。外部環境の代表的なリスクとしては天災（地震・台風等）や競争環境・技術環境の変化等があり、内部環境の代表的なリスクとしては上乗せ労災や退職金等の福利厚生があります。企業の福利厚生は規程に基づいて公平に運用されるべきですが、ルールと保険設計にギャップがあるケースや、企業のルールを保険が乱すケースもあるので注意が必要です。そして、最終的には経営者が株主や従業員等のステークホルダーに対して入っている保険の内容について、理論と根拠に基づいた説明責任が果たせることが重要です。

図1

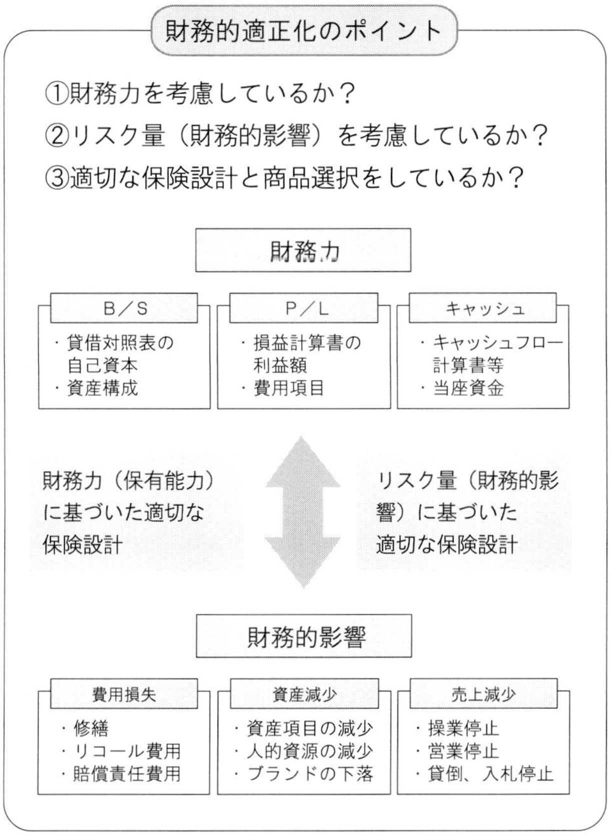

財務的適正化のポイント

①財務力を考慮しているか？
②リスク量（財務的影響）を考慮しているか？
③適切な保険設計と商品選択をしているか？

財務力

B/S	P/L	キャッシュ
・貸借対照表の自己資本 ・資産構成	・損益計算書の利益額 ・費用項目	・キャッシュフロー計算書等 ・当座資金

財務力（保有能力）に基づいた適切な保険設計　⇕　リスク量（財務的影響）に基づいた適切な保険設計

財務的影響

費用損失	資産減少	売上減少
・修繕 ・リコール費用 ・賠償責任費用	・資産項目の減少 ・人的資源の減少 ・ブランドの下落	・操業停止 ・営業停止 ・貸倒、入札停止

図2

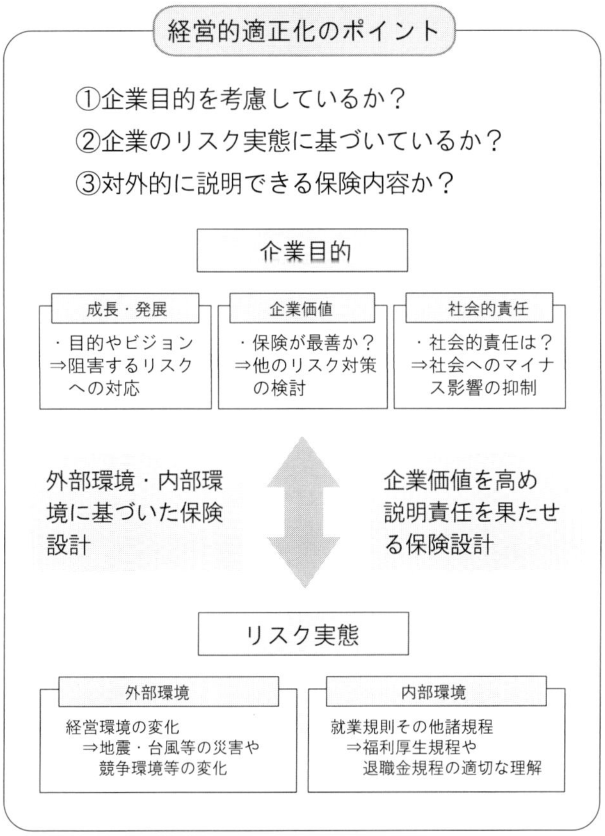

経営的適正化のポイント

①企業目的を考慮しているか？
②企業のリスク実態に基づいているか？
③対外的に説明できる保険内容か？

企業目的

成長・発展	企業価値	社会的責任
・目的やビジョン ⇒阻害するリスクへの対応	・保険が最善か？ ⇒他のリスク対策の検討	・社会的責任は？ ⇒社会へのマイナス影響の抑制

外部環境・内部環境に基づいた保険設計　⇕　企業価値を高め説明責任を果たせる保険設計

リスク実態

外部環境	内部環境
経営環境の変化 ⇒地震・台風等の災害や競争環境等の変化	就業規則その他諸規程 ⇒福利厚生規程や退職金規程の適切な理解

1．顧客本位の提案と法人開拓を実現するリスクマネジメントの視点

12 財務視点の保険適正化（レベル２）

　保険は財務リスクの移転手法であり、保険を経営に活かすためには財務の視点が必要不可欠です。財務移転手法として保険を活かす為に持たなければならない視点は以下の通りです。

１．財務諸表を守る

　企業の保険は建物や車を守るのではなく、財務諸表を守るものです。具体的にはＢ／Ｓ（貸借対照表）の資産の保全とＰ／Ｌ（損益計算書）の利益の確保を実現し、健全な財務体質を維持するためのリスク対策の一手法として保険を活用するのです。そのため極論ではありますが、建物が燃えたとしても、従業員が労災で死亡したとしても、財務諸表に影響が無ければ保険を掛ける必要はないということです。また、保険は売上減少や経費増加を補う意味合いも持ちますが、大切なのはキャッシュをベースとした収入減少や支出増大をカバーすることです。そのため、キャッシュインを妨げるリスクやキャッシュアウトを伴うリスクに対してしっかりと保険を掛けることが必要です。キャッシュの増減を伴わないリスクに保険を掛けることは、財務諸表を守る上では非常に重要ですが、具体的に企業の存続を支えるのはキャッシュであることを認識する必要があります。

２．保有額の決定

　保険の必要性は保有限度額を把握することから始まります。保有と移転のバランスは保有額の意思決定から導かれるのです。保有があっての移転であることを認識し、どこまでリスクを保有できるのか？どこまで保有をすべきなのか？　その答えを導くことこそが適切な保険設計に必要な意思決定です。保有額の意思決定は、どのリスクに保険を掛けるかよりも優先すべき課題であり、保有限度が決定すれば保険を必要とするリスクが見えてくるはずです。大切なのは、私たちは保険を掛けるか否かではなく、リスクを保有するか否かの意思決定を支援しているという認識です。

３．財務基準の統一

　財務の基準は一つの企業には一つしか存在せず、リスクごとに異なることはありません。つまり、火災や自動車事故や情報漏洩等の様々なリスクがあったとしてもその会社のリスク保有限度が500万円であれば、どのリスクが顕在化しても500万円までは保有ができるということです。

　例えばＡ社の社長が500万円の新車を購入して車両保険を付保しなかった場合、これは財務の視点から逆説的に考えると500万円のリスクを保有するという意思決定をしたことになります。しかし、労災や火災、ＰＬリスクについては500万円までのリスクを保有していないケースが大半です。企業における財務基準は一つしかありません。保険加入の意思決定の手順としては、まず保有可能額が500万円の企業は500万円を超えるリスクに対して保険を検討し、500万の免責を設定してもほとんど保険料が変わらない場合等は費用対効果の視点から免責を排除するのです。しかし、明確な保有限度額を設定することなく、保険商品ごとに免責を検討している企業がほとんどと考えられます。

４．企業実態の把握

　企業において保険は財務を守るものであるため、財務諸表をしっかりと理解することは非常に重要です。リスク保有可能額を把握するにも財務の実態を把握する必要があります。しかし、財務諸表に全て

の経営資源や財務情報が記載されている訳ではありませんし、決算書の数字が全ての実態の価格を表している訳でもありません。詳しくは後述しますが、資産の部においては決算書の記載額と時価に大きなギャップ（含み益や含み損等）があったり、人材やブランドや信用力・商品力等は重要な経営資源であるにも関わらずB／Sには載ってきません。負債の部についても中小企業においては退職金規程があるにも関わらず過去勤務債務を負債に載せている企業はほとんどないと考えられます。また、損益計算書に影響を与えるような賠償責任リスク等の費用増加に繋がるリスクについては、事業の実態を踏まえなければ決算書の数字だけでは見えてきません。決算書は適切な保険設計を実現する上で非常に重要な情報源ではありますが、企業の全てを表しているとは限りません。経営者や税理士の先生等としっかりとコミュニケーションを取り、正しい企業の実態を把握することが適切な保険設計には必要不可欠です。

5．積極的保有の勧め

保険への過度な依存はリスクコントロールを緩めてしまう傾向がある一方で、積極的にリスクを保有しようとする姿勢がリスクコントロールを強化し、結果として企業価値の向上に繋がることも考えられます。保有すべきリスクは保有し、移転すべきリスクは移転するという一定の財務基準に基づいた判断が必要ですが、財務基準を押し上げることによって積極的に保有していくという企業姿勢も大切です。積極的な保有は事故を減らし、事故の減少は保険料を減らし、保険料の減少は保有力の増大に繋がり、保有力の増大はさらなる保険料の減少に繋がるという良い循環を生み出すことによって、事故減少と財務強化の両面を実現していくことが必要です。

財務の視点

①財務諸表を守る
企業において保険は、企業の理念やビジョン達成のために財務諸表を守ることを目的としている

- 貸借対照表（B／S）
- 損益計算書（P／L）

↓

理念・ビジョンの達成

②保有額の決定
適切な保険設計の前提条件は自社の保有限度額を知ること、決定することから始まる

適切で無駄のない保険設計の前提条件

↓

- 保有可能額の把握（財務諸表より決定）
- 保有額の決定（企業の財務戦略として決定）

③財務基準の統一
企業が財務力を考慮した保険設計をするためには次のようなステップを踏むことが必要

- ①自社の財務基準（保有額）を決める
- ②保有額を超えるリスクの保険検討
- ③保有コストと保険料の比較

④企業実態の把握
決算書にはすべての資産が載っているわけでも企業のすべての実態を表しているわけでもないことを理解する

- 載らない資産（ブランド・ノウハウ・人的資産等）
- 載らない負債（退職給付債務・リース資産等）

↓

会社を守るために認識が必要

1. 顧客本位の提案と法人開拓を実現するリスクマネジメントの視点

⑬ 経営視点の保険適正化（レベル２）

経営の視点から保険を考える

保険を経営に活かすためには、その会社の存在意義や理念・ビジョンといったものを理解し、それらの実現のために保険をどう活用するかを考えていく必要があります。有事の為だけの保険ではなく継続的に会社に貢献する保険であるためには経営の視点から保険の活かし方を考えていく必要があります。

1．保険に依存しない経営を目指す

本当にお客様に安定的で良い会社になっていただくには、事故を起こさない会社、財務力のある会社を目指し、保険への依存度を減らしていく必要があります。保険の最適提案や事故対応も大切な仕事ですが、経営支援の立場から考えると、事故削減に一緒に取組み、事故を減らすことで保険への依存度を下げることも大切です。そういった取組みが必ず全社的な安定経営に繋がりますし、より効率的な保険の活用に繋がるからです。そもそも保険は保険金を受け取ることを前提とした金融商品ではありません。保険はいざという時に保険金を受け取る権利を買っているのです。いくら保険料を支払っていても事故が起きなかったこと、保険を使わなかったことを喜ぶべきであり、そのような価値観をお客様と共有することが大切です。

2．保険で企業価値を高める

経営の結果はどこにコストを払い、投資を行ったかによって大きく変わります。保険料は経営に必要なコストという捉えられ方をしますが、将来の損失を補てんし、企業価値を維持・向上させるための投資と考えることもできますし、その方が能動的にリスクと向き合うことが可能になると考えられます。そのため、支払う保険料もいかに経営に役立つ有用な投資となるかを意識しなければなりません。その一つの考え方は、優先順位の高いリスクから保険を掛けることですが、保険が持つ財務リスク移転という基本的価値以外にも様々な経営支援の機能を持った副次的な価値も生かす必要があります。例えば、上乗せ労災等は福利厚生として従業員のモチベーション向上や優秀な人材の採用にも活かせますし、使用者賠償責任保険等の有無は労災発生時の従業員に対する企業の姿勢に大きな影響を与えます（資金的な裏付けがなければ労災請求に躊躇し、労働者と敵対関係になるケースもあります）。また、経営者がリスクと真摯に向き合い、事故の際に会社やステークホルダーを守る保険に入っていることは、単に有効性の視点のみならず、様々なステークホルダーに対して安心感を与えると共に、経営責任を果たし、企業価値を高めることに繋がります。

逆に保険への過度な依存は事故を増やし、企業価値を下げる危険性も含んでいます。例えば、車両保険の免責ゼロの契約等は場合によっては事故を増やす可能性があります（保険への依存はリスクコントロールを緩めることがあります）。つまり、経営の視点においては、事故増加に導く可能性のある車両保険と、福利厚生として従業員の採用やモチベーションに繋がる保険とでは、どちらが企業の価値向上に繋がっているのか？　どちらが投資として適切か？　という視点も非常に重要だと考えられます。

3．ステークホルダーを考慮する

　企業は事業に伴い発生する社会的なマイナス影響やステークホルダーへのマイナス影響を適切に管理し、保険の活用を通して社会的責任を果たすことで存在意義を確保する必要があります。つまり、リスク対策の実施については、影響を与えるステークホルダーを考慮して検討することが必要です。例えば図の③にあるように、火災によって経営資源が減少した場合でも、困るのは企業の利害関係者であるステークホルダーであり、どのステークホルダーへの影響を優先的に処理していくのかを検討することも経営者の大切な仕事であると考えます。また、賠償責任についても、消費者からの賠償請求だけではなく、従業員、株主、第三者からの賠償請求と多岐にわたることから、その中で優先順位を検討した上での判断が必要になるでしょう。保険は自社の存続の為だけではなく、ステークホルダーへのマイナス影響を最小限に抑えるために入っているという視点を忘れてはなりません。

4．目的の明確化

　企業が守るべき経営資源としては「人（ヒト）」「物（モノ）」「金（カネ）」「情報」等がありますが、何から何を守るべきか？　何を優先的に守るかは、その会社の状況や業種によって異なります。例えば、地震リスクについて考えてみると、人の能力や経験値等を価値とする企業の場合は、とにかく「人」を守らなければならず、その場合は会社や自宅に緊急地震速報を付けて生存率を上げることが優先されます。また、機械設備等に経営を依存している企業の場合は、特殊機械の被災によって長期間製造が中断しないように耐震補強や免震装置の設置等によって「物」を守る必要があります。逆に建物も設備も古く、被災により場所の移転や再調達をすることが前提であれば、その資金を確保するために地震保険を掛けておくのが最も企業ニーズに合った対処ということになるでしょう。経営者の視点に立ち、本当に地震から守らなければならない経営資源は何かを考えると、保険とは違う対策が導かれることもあります。

経営の視点

①依存度を下げる
多くの中小企業は、安定経営を実現するために④の資金調達（保険を含む）に依存している
- ①事故が起こらない会社
- ②リスクをコントロールできる会社
- ③財務力がある会社
- ④資金調達力がある会社

②価値向上の実現
保険の経営に与える影響にも下記のように両面がある
- プラス面：福利厚生はモチベーションを高め適切な補償は正しい事故対応やステークホルダーの安心につながる
- マイナス面：保険への依存はリスクコントロールを緩め、事故増加につながる

③ステークホルダーの視点
様々なステークホルダーへの影響を考慮して対策やその優先順位を決定する必要がある

経営資源の減少
↓
- 株　主：株主価値を低下させる（株価の低下）
- 消費者：商品・サービス提供の中断
- 債権者：返済・支払の不履行
- 従業員：継続雇用および補償の不履行

④目的の明確化
本当に守るべき経営資源は何かについて明確な優先順位があるか否かが非常に重要

地震から守るべき経営資源
↓
会社の特性によって対策の優先順位が変わる
- 人材資源：緊急地震速報等の設置等
- 設備資源：耐震構造・免振装置の設置等
- 財務資源：保険等の活用等

14 人的視点の保険適正化（レベル２）

「人」は企業において最も重要な経営資源の一つですが、逆に企業のリスクの多くは人災です。そのため、リスクについても「人」の視点から考えることも重要です。多くのリスクは人のモチベーション減退やヒューマンエラー、不正行為等によって顕在化するからです。

1．ルール（就業規則等）との整合性

組織はそれぞれのルールと規律の中で運営されており、企業における人保険の必要性の多くも様々な規程に起因しています。例えば、福利厚生規程等を作成することによって労働契約責任が発生し、その財務的負担に対応するために、保険の必要性が生じるのです。そして、規程との整合性が無い保険については、無駄であるだけではなく、組織の規程やルールを狂わせることにも繋がります。規程の補償基準に満たない保険契約は自己負担を生み、過度な保険契約は無駄を生みます。具体的には退職金規程や上乗せ労災規程等が考えられますが、大切なのは保険を前提とした社内ルールではなく、会社の姿勢や方針に沿った規程を作り、規程によって生じた財務的リスクに対して適切な保険に入るということです。当然のことではありますが、一旦作成した様々なルールや規程は従業員に周知しなければならず、保険の有無に関わらず、会社は労働契約責任を果たす必要があり、簡単に不利益変更はできないこと、保険契約と社内規程のギャップは時として大きなトラブルに繋がることを認識する必要があります。

2．労働災害と会社の責任

労働災害が発生した場合、会社は労働者に対して大きく3つの責任を負います。まず、必ず発生する責任として労働基準法上の災害補償責任があり、この責任を果たすことを担保するために強制加入の政府労災があります。次に、労働者との間に上乗せ労災規程や退職金規程等を定めている場合には、労働契約責任を果たす必要があります。これらの支払を確実にするために、一般的には労災総合保険や傷害保険、その他の生命保険等を活用します。最後に、労災発生に企業側の過失や債務不履行があった場合には民事上の賠償責任が発生します。具体的には労働安全衛生法等の法令違反や安全配慮義務違反等が考えられますが、いずれにしても近年は従業員や遺族からの賠償事例が相次いでおり、損害賠償額も高額になる可能性が高いことから、使用者賠償責任保険はこれからの必須の保険になると考えられます。また、それ以外にも売上減少や人的資源の喪失、行政処分等の様々な損失が労災に起因してもたらされるため注意が必要です。

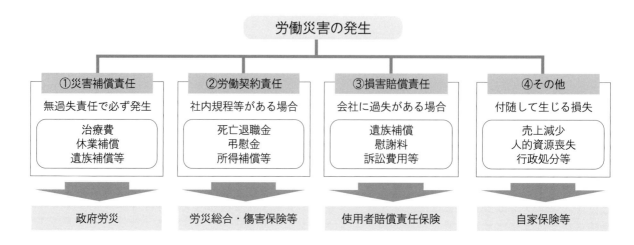

3．平等性の確保

　社内規程の作成プロセスや保険契約の内容が、社内的な不平等性を生み出す可能性があるので注意が必要です。例えば、傷害保険では近年増加傾向にある精神疾患（うつ病等）や過労死等に対応することができないケースがあり、保険に合わせて福利厚生規程を作成している会社では、同じ労働災害であっても業務上疾病等になった労働者に対しては補償がなされないという事態が発生します。同様に自動車保険の搭乗者傷害保険がある場合は、機械事故で死亡したAさんには死亡退職金と政府労災しか出ませんが、自動車事故で死亡したBさんにはそれに追加して搭乗者傷害保険金等が支払われるという不平等を生むことになります。従業員にとって公平な処遇を行うには、事故の原因や内容ではなく、業務中の事故か否か、会社の過失か否かによって補償が決められるべきと考えられます。高いコストを支払う保険が社内の秩序を乱し、会社の経営にマイナス影響を与えないように気を付けなければなりません。

4．労災対策の優先順位

　労災に対する保険の優先順位は、①政府労災、②使用者賠償責任保険、③労災総合保険等の順番です。労災総合保険等は法律を超えた社員のための社内ルール（退職金規定や上乗せ労災規程等）に基づいて加入するものであり、リスク量はあくまでも自社で作成した規程の範囲内ですし、規程の変更や廃止でリスク量をコントロールすることも可能です。しかしながら、使用者賠償責任保険の対象となる安全配慮義務違反を伴う民事上の賠償責任については、被害者の家族構成や年齢や所得によって賠償額が変動し、1億円を超えるケースも想定されますし、保険等で資金的な準備をしておかなければ、会社として従業員の労災請求を支援することにも躊躇が生まれます。また、多くの会社が見ず知らずの第三者の生活を補償する賠償責任保険に入りながら、目の前の従業員の生活を補償する使用者賠償責任保険に入っていないことも、経営者の価値観や企業の姿勢を考えると、優先順位として問題があるかもしれません。

人材の視点

①ルールとの整合性
企業の人に関わる補償の必要性はほとんどが社内規程に起因するリスクである
- 就業規則（賃金規程・退職金規程含む）
- 福利厚生規程（上乗せ労災・慶弔見舞金等）

⇒ 支払い責任

- 規程による財務影響を保険でカバーする

②労働災害と会社の責任
労働災害によって企業は3つの責任を負う
- ①災害補償責任（政府労災でカバー）
  ⇒ 労働基準法上の無過失責任
- ②労働契約上の責任（上乗せ労災でカバー）
  ⇒ 労働契約に基づく支払責任
- ③民事上の賠償責任（使用者賠責でカバー）
  ⇒ 安全配慮義務違反に基づく賠償責任

③平等性の確保
以下の事例のように、しばしば保険が社内の規程やルールを乱すことがある
- 搭乗者傷害保険・傷害保険

⇒ 社内的不平等

- 同じ労災であっても、自動車事故の場合だけもらえたり、精神疾患の場合はもらえなかったりすることは社内的不平等を生むことがある

④労災対策の優先順位
労働災害リスクに対する財務対策（保険加入）の優先順位は以下のとおり
- ①政府労災（加入が義務付けられている）
- ②使用者賠償責任保険
- ③上乗せ労災（労災総合保険・傷害保険等）

※多くの企業が②に優先して③に入っているが本来は上記の優先順位になると思われる

1．顧客本位の提案と法人開拓を実現するリスクマネジメントの視点

⑮ 対策の全体像からの見直し（レベル3・4）

　保険は他のリスク対策の不足を補完する最後の手段であり、他のリスク対策の実施状況や機能が保険設計に大きな影響を与えます。そのため、保険以外のリスク対策を見直すことによって保険の入り方や保険料、保険契約全体のポートフォリオが大きく変わります。つまり、レベル3及び4の取組み（P23 参照）は、積極的な財務基盤の構築とリスクコントロールによって、財務実態やリスク実態に変化を加えることで保険への依存度を下げる取組みであり、以下の観点から、これからの顧客本位の業務運営を実践していく上で欠かすことのできない取組みになるでしょう。

　　1）保険料を能動的にコントロールすることに繋がり、予算に応じた保険設計を可能にする。
　　2）財務力を高め、事故が減少することで企業価値の向上を伴った保険の最適化を可能にする。
　　3）企業の価値向上に寄り添った保険設計により、さらなる効率的・効果的な保険活用を可能にする。

レベル3：保有体制の確立

　現在の保有力の活用、継続的な保有力の拡充によって、効果的・効率的な保険ポートフォリオを構築する取組みがレベル3の見直しであり、大きく分けると2つの方法があります。

1）会計の科目の設定（引当金・自家保険積立金等）
　　リスクファンドという認識が保険の入り方を大きく変えます。十分な利益がある会社は利益の一部を予算化して引当金を計上し、資本力のある会社は資本の一部を自家保険積立金としてリスクファンドを構築することで保険のポートフォリオは激変します。
　　⇒損失計上の最終的な責任は経営者となるため、既にある役員退職金積立等をリスクファンドと捉えることで、保険の入り方は大きく変化し、経営者もリスクと向き合うことが可能になります。
2）金融商品の活用（生命保険やセーフティー共済等）
　　金融商品を活用することで補償機能等を有しながら、税務上の恩恵を受けて効率的にファンドを構築することが可能となります。
　　⇒保険の補償機能でカバーできないリスクについては、積極的に生命保険等のファンド機能を活用し、効率的に有事の際のファンドを構築することが重要です。

　具体的には、図1のように計画的な保有戦略を立てることで、保険への依存度が低下し保険活用の在り方が大きく変化し、保険料削減と共に最適な保険ポートフォリオの構築に繋がります。また、積極的な保有対策は財務的な保険への依存度を下げるだけではなく以下の意味合いでも非常に有効です。

1）保有対策は保険でカバーできないリスクに対するファンドとなります。
2）保有の意思決定はリスクコントロール機能及び資金調達力を高めます。
　　（損害率の減少はさらに保険への依存度を下げ、保険料減少に貢献します）
3）最適な保険ポートフォリオの構築を可能にします。
　　保有したリスクの保険料をより優先順位の高いリスクへの保険料に充てることが可能になります。

レベル4:リスクコントロール

　積極的なリスクコントロールで事故を減らし、保険への依存度を下げることで効果的・効率的な保険ポートフォリオを構築するのがレベル4の取組みですが、リスクコントロールを保険料に反映させるには、保険会社の柔軟な引き受け姿勢と共に、保険代理店として以下のような取組みを励行することが必要です。

1）損害発生状況の把握と保険会社との共有

　保険会社に対して、過去の損害率（支払っている保険料と受け取った保険金の金額）等の情報を提供することによって事故実態を保険料に反映させる取組みが必要です。

2）対策実施状況の把握と保険会社との共有

　保険会社に対して、どのようなリスク対策を講じているかについて、情報提供を行うことによって、それらを保険料に反映させる取組みが必要です。

リスクコントロールを実施することで、以下のようなメリットも生まれます。

1）保険調達力の向上：リスク量の減少が、保険の引受を容易にし、保険料の減少をもたらします。

2）最適な保険ポートフォリオの構築

　減少した保険料を他のリスクに振り向けることで理想的な保険ポートフォリオを構築できます。

3）企業価値の向上：事故の減少は信用力の向上や品質の向上に繋がり、企業価値を高めます。

　リスクコントロールの代表的な事例としては、図2にあるような自動車保険のフリート契約が挙げられます。損害率によって大きく割引率が変動するため、リスクをコントロールして事故を減らすことで大きな割引を獲得し、より有利な保険調達を可能にします。

図1

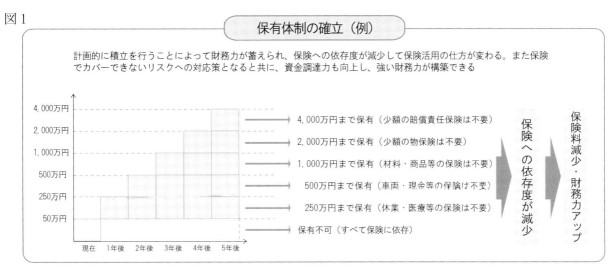

図2

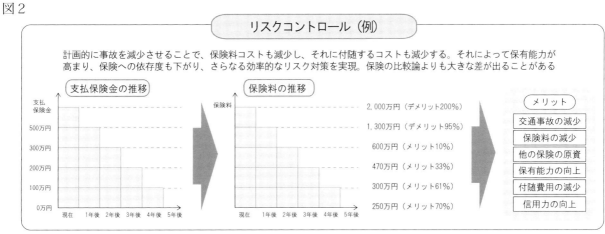

1．顧客本位の提案と法人開拓を実現するリスクマネジメントの視点

⑯ ビジョン達成のための保険活用

　経営に保険を活かすということは、その会社の存続はもちろんですが、理念やビジョン達成への貢献を意味します。昨今、多くの企業において理念を定め、具体的なビジョンを描き、ビジョン達成に向けた経営計画を策定していますが、多くの経営計画にはリスクの視点が織り込まれていないのが現状です。確かに、リスクマネジメントは直接的に売上に繋がることは少ないかもしれませんが、企業経営に影響を与えるリスクを適切に管理することは、経営計画の達成確率を上げ、長期的には必ず会社に大きな価値をもたらす取組みであることを認識していただく必要があります。なぜならば、企業は発展と共に相応のリスクを抱えるからであり、リスクの視点を抜きに企業の安定的な発展は考えられないからです。

1．リスクのコスト化

　企業のビジョン達成は毎年の経営計画の達成の延長線上にあるため、保険代理店は経営計画にリスクの視点を折り込み、保険を活用して経営計画の達成確率を高めることでビジョン達成に貢献することが可能です。具体的には、保険を活用して経営計画を狂わせる大きな変動要因であるリスクを保険料という固定値のコストに変えることによって経営計画の達成確率を高め、より安定的な経営を実現することが可能になります。つまり、利益額を超えるリスクをしっかりと利益の範疇でまかなえる保険料に変えておくことで安定的な利益を出し、それが将来のビジョンの達成に繋がるのです。また、会社には多くの資産（建物・設備・車・人材・ブランド等）がありますが、売上は資産の利回りであり、その資産を守ることが売上を守ることに繋がります。これからの保険代理店は、経営計画の達成の為に守らなければならない経営資源を確定し、経営計画の達成を阻害するリスクに対してしっかりと保険を活用することが求められます。

2．保険検討のタイミング

　法人においては、保険契約の検討のタイミングは決算や経営計画の策定時です。保険提案や見直しは相手方の必要なタイミングに応じて行うべきであり、企業経営に保険を活かすのであれば、決算や経営計画の策定時にしっかりと提案を行うべきであると考えます。

　多くの企業においては、自動車が3月、PLが5月、火災が8月、労災総合が12月等のように満期がバラバラに設定されていますが、そもそも満期がバラバラであればその都度保険商品の比較論しかできず、企業を取巻くリスクの全体像から考えて保険のポートフォリオを組みかえるという大切な取組みがなかなか実践できません。

　企業の財務状況やリスク環境は絶えず変化しているため、毎年の決算や経営計画の策定時に、その年の財務状況に応じて保有額を決定し、その年のリスク環境に応じてリスクに優先順位を付けて保険の活用に関する意思決定をすることが重要です。

　また、その年度の予算編成の中でどこまでリスク対策にコストを掛け、そのうちのいくらを保険料として負担するのかについてもしっかりと経営計画作成時に検討する必要があります。

　保険はリスクが発生した時点ですぐにリスクアタッチする必要性からスタートはバラバラになりますが、財務戦略の一環として保険を活用し企業価値を高めるためには、検討のタイミングは年に一度の決算や経営計画の策定時であり、基本的には満期日の統一が求められます。

3．経営への参画

単なる保険販売ではなく、企業の将来ビジョンや経営計画を達成するために保険をどう生かすか？という視点から考えると、保険の活用の仕方も大きく変わってきます。保険代理店が本当に経営者の立ち位置で会社を守り、経営計画の達成やその延長線上にある将来ビジョンの達成のために何ができるかを考えることが、顧客本位の業務運営に繋がると考えられます。単なる一つリスクと一つ保険のマッチングではなく、その会社の目指すべき姿や将来ビジョンを前提として、その実現の為に保険を活かしてくことが大切なのです。毎年利益見込みが変わると保有限度額も変動し、保険の活用方法が変わりますし、法律改定や社内外の事業環境の変化によってリスク対策の優先順位が変わることも想定されます。満期日ごとの場当たり的な保険見直しでは個々の保険としての効率化は図れるかもしれませんが、全社的な視点で優先順位を考えたり、最適なポートフォリオを組むことができません。保険代理店が経営計画にリスクの視点を折り込み、経営に関わるようになれば、今よりもさらにレベルやステイタスの高い職業として認められるのは間違いないと思われます。

4．経営計画にリスクの視点を

企業は理念やミッションを基軸に、将来ビジョンや目標に向かって活動していますが、その実現には発展のマネジメントと存続のマネジメントであるリスクマネジメントのバランスが非常に重要です。なぜなら資産が増加し、売上や従業員が増え、ブランド価値が高まるほど企業はより多くのリスクを抱えるようになるからです。企業の発展と共に増加するリスクをしっかりマネジメントしてこそ、社会性をもった安定的な企業になれるのであり、二つのマネジメントが経営計画に反映されていることが望ましく、その中で保険活用を含んだリスク対策計画が策定され、ＰＤＣＡサイクルの中で適切に運用されることが重要です。

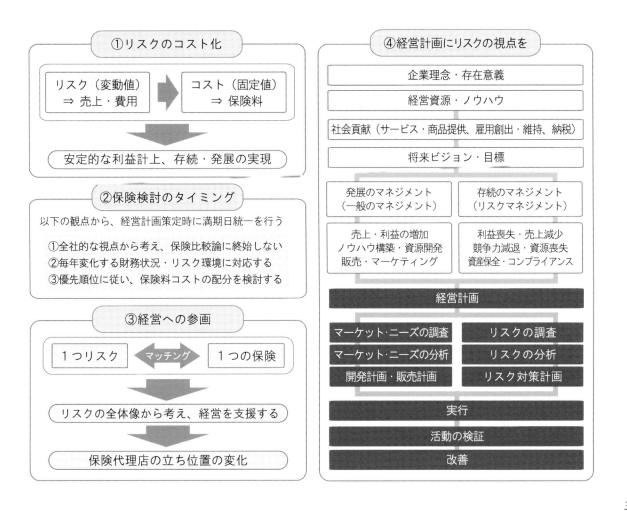

1．顧客本位の提案と法人開拓を実現するリスクマネジメントの視点

17 保険を活かすためのコンサルティング

　保険を経営に生かすためには、財務状況やリスク環境に基づいて、適切な保険契約を締結するための手順や意思決定の基準作りが必要です。リスクを保有するか否か？　有事の際に企業の存続を左右する重大な意思決定にも関わらず、作業的な手続きや場当たり的な意思決定になっているケースが見受けられます。経営者や取締役がしっかりと注意義務や管理義務を果たし、保険を経営に最大限に生かすには「保険管理規程」の作成や「満期日統一」の手続きが必要となるでしょう。

保険管理規程の作成

　保険管理規程を作成することで以下のようなメリットがあります。

【1】適切な保険に加入する
　保険加入の手順・役割分担、意思決定の基準を明確にすることで保険の適切性を確保する。

【2】管理義務・注意義務を果たす
　経営者や取締役が事業の存続を左右するリスクの全体像を認識し、適切な対処を検討・指示する。

【3】役割分担の明確化
　保険契約に必要な情報収集、各種手続及び意思決定の責任者を任命し、責任の所在を明確にする。

【4】保険管理事務等の効率化
　保険の手続きや管理の手順・役割が明確になることによって効率的に業務をすることが可能になる。

【5】保険の有効性の保持
　変更事項等があった場合やリスク量に変動があった場合の手続き漏れなどが回避される。

【6】保険の効率化の推進
　保険への依存度を下げる取組みや保険加入の財務基準を設けることで保険の効率化が図れます。

【7】事故時の適切な対応と保険金請求
　事故発生時に適切な対応をすることで、損害を最小化し、スムーズな保険金受取が可能となる。

保険管理規程の目的

保険管理規程を作成する目的は主に以下の7つですが大切な意思決定についてフローを作成するのは必然と考えられる

1. 適切な保険に加入する
2. 管理義務・注意義務を果たす
3. 役割分担の明確化
4. 保険管理事務などの効率化
5. 保険の有効性の保持
6. 保険の効率化の推進
7. 事故発生時の適切な対応と保険金請求

＊しかるべき手順に基づくことで無駄な保険料の支払いや付保漏れによる損害を抑制し、仮に付保漏れ等があった場合もルールに基づいて、しかるべき手順と情報に基づいて意思決定をしていることで経営者や取締役の任務懈怠責任を問われる可能性を低減できる。

保険管理規程の規程例

保険管理規程の目次例は以下の通り

- 第1章　保険管理方針
- 第2章　保険選択の基準
- 第3章　役割分担と責任
- 第4章　保険管理業務のプロセス
- 第5章　リスクマトリクスの作成
- 第6章　保険見積もりプロセス
- 第7章　保険設計プロセス
- 第8章　取締役会の承認
- 第9章　保険契約手続き
- 第10章　保全手続き
- 第11章　保険契約の解約・変更
- 第12章　事故発生時の対応
- 第13章　事故防止活動
- 第14章　更改手続き
- 第15章　契約台帳

満期日統一について

特に損害保険についてはリスクアタッチがバラバラなため、満期日がバラバラになっているケースが多いですが、スタートは別々であったとしても満期日は統一しておかなければ財務戦略の一環として保険を経営に活かすことが難しくなります。具体的な満期日統一のメリットは以下の通りです。

【1】全体正解を導くことが可能になる
　　満期日がバラバラだと一つのリスクに一つの保険といった部分正解に陥りやすい。

【2】環境変化への対応が可能になる
　　毎年変化するリスク環境に基づいて優先順位を決定し、最適保険設計を可能にする。

【3】財務状況への対応が可能になる
　　毎年変化する企業の財務状況に合わせた適切な保険設計を可能にする。

【4】保険料総額のコントロールが可能になる
　　特定の保険商品の価格上昇があっても保険料総額のコントロールが可能である。

【5】保険やリスクへの重要感が高まる
　　年1回にすることで重要感が高まり経営陣がリスクと向き合うことで正しい意思決定が可能になる。

【6】時間コスト（人件費）の削減
　　年に1回にまとめることで、保険担当者や経営陣の時間コストを削減することが可能になる。

【7】取締役会での承認手続き
　　年1回にまとめることで取締役会にて保有及び移転するリスクの認識共有と承認手続きが可能になる。

【8】毎年の財務状況や計画に寄り添った保険活用
　　毎年の利益状況や次年度計画や経営戦略に寄り添った保険活用をすることが可能になる。

※満期日統一は基本的には決算日に合わせて実施するのが一般的であるが、企業ごとにタイミングは検討する必要があり、手順に基づいて進めることが重要です。

満期日統一の目的
1. 全体正解を導くことが可能となる
2. 環境変化への対応が可能になる
3. 財務状況への対応が可能になる
4. 保険料総額のコントロールが可能となる
5. 保険やリスクへの重要感が高まる
6. 時間コスト（人件費）の削減
7. 取締役会での承認手続き
8. 毎年の財務状況や計画に寄り添った保険活用

↓

財務戦略として企業の価値向上を実現

満期日統一の手順
1. 満期統一日の決定
　（企業の保険検討のタイミングを決定）
↓
2. 新しい保険ポートフォリオの検討
　（全社視点で保険の最適設計の実施）
↓
3. 始期日を統一して保険契約手続き
　（保険料総額を意識した契約手続き）
↓
4. 現在の保険の解約手続きを実施
　（満期日の統一で時間コストを削減）
↓
5. 毎年同じ時期に保険の更改手続き
　（保険契約の適切性と効率性を担保）

1．顧客本位の提案と法人開拓を実現するリスクマネジメントの視点

18 リスクマネジメントサービスによる差別化

　従来の保険代理店は保険会社の保険商品という経営資源に依存してきましたが、これからは他代理店との差別化を図るために独自の付加価値を構築することが重要です。ここに紹介するリスクマネジメントサービスは保険代理店が提供すべきサービスであり、保険代理店はこのようなサービスの提供を通じて地域企業のリスクマネジャーとしての立ち位置を確立することが求められます。

リスクマネジメント教育の実践

　リスクマネジメントは全社的な取組みであり、社員がその必要性や重要性、手順やルールを理解することからスタートします。そのため、リスクマネジメントに取組むには教育・研修は必要不可欠な要素であり、今後は、リスクの専門家である保険代理店がこの役割を果たすことが求められます。

１．教育・研修サービスのメリット
1）経営者と同列になれる：講師という立場となることで経営者や保険担当者に対して先生という立ち位置が確立できるため、営業に入りやすくなる。
2）お客様のレベルの向上：保険担当者や経営者のリスクマネジメントに関する知識レベルが上がることで、営業がしやすくなり、他の代理店との違いを出しやすくなる。
3）明確な差別化ができる：リスクマネジメント研修を実施することで明確な差別化が可能となり、経営者や保険担当者以外のメンバーともコミュニケーションが取れる。
4）営業戦略の一環となる：組合や団体、お客様の下請会社や取引先、金融機関の融資先や士業の顧問先を集めた勉強会等の講師をすることが新規開拓に繋がる。

２．教育・研修サービスの内容について
1）重要性・必要性の認識共有
　リスクマネジメント活動を始めるに当たり、全社員にその必要性・重要性を認識させる研修。
2）知識と感性の習得
　自社のリスク環境を認識し、一人ひとりのリスク感性を上げることで意識を高める。
3）自社ルール及び計画の共有
　自社のリスクマネジメントに関するルールや計画を共有し、実践に繋げる。
4）リスクマネジャーの養成
　リスクマネジメントを社内で推進するために責任者に専門知識を習得してもらう。

独自のツールや商品の提供

　独自のツールや商品を提供することで顧客満足度を高め、他代理店との差別化が可能となります。具体的に以下のようなサービスが考えられます（次頁のRMCAで一部のサービスを提供しています）。
- 事故防止サービス：毎月交通事故防止に関する教材を提供し、事故防止活動を支援する。
- 震災対応マニュアル：携帯用の震災マニュアルを作成し、お客様企業の従業員に配布する。
- 情報提供サービス：一定期間ごとに、もしくは必要時にリスク情報をお客様に提供する。

リスクマネジメントコンサルティング

　保険はリスクマネジメントの手段の一つであり、お客様を守り、保険でカバーできないリスクも踏まえた最適な保険設計を行う上でリスクコンサルティングサービスは必要不可欠ですが、具体的には以下のようなサービスが考えられます（次頁のRMCAで一部のサービスを提供しています）。

1．リスク診断サービス

　全社的な視点からリスクを診断することで以下のような価値を提供することが可能となります。
1）全社的な視点からリスク対策の優先順位が見える。
2）保険でカバーできないリスクも含めて企業の問題点が明確になる。
3）経営者の相談役としての立ち位置を確立することが可能となる。
【例】RMCAのリスク診断サービス
　　　お客様のリスク環境やリスクマネジメントの実施状況が点数と格付けによって明確になります。

リスク診断報告書（表紙）

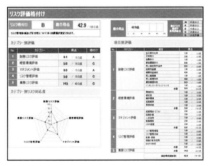
総合評価ページ

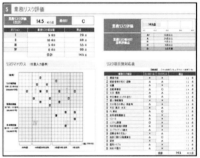
業務リスクの評価ページ

2．リスク管理規程の作成

　リスクマネジメントを社内で実践していく上で規程や手順書は必要不可欠であり、会社法の第100条においても大会社にはリスク管理に関する規程その他体制を構築することが義務付けられています。
　ここでは、リスク管理規程を「基本規程」「手順書」「計画書」の３つに分けて説明します。
1）基本規程・方針：リスクマネジメントの必要性・重要性、取組み姿勢を共有するために必要
2）手順書・マニュアル：リスクマネジメントの進め方を共有し、全社的な取組みとするために必要
3）計画書・報告書等：リスクマネジメント活動を実践に落とし込み、PDCAを回していくために必要
【例】RMCAのリスク管理規程のひな型
　　　法的な規制はないため、ひな型等を用いて企業の実態に合わせて自由に作成することができます。

リスクマネジメント方針

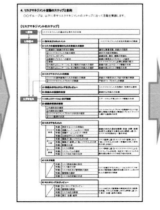
リスクマネジメントの手順

RM進め方の要約

RMの各プロセスの進め方

1．顧客本位の提案と法人開拓を実現するリスクマネジメントの視点

⑲ リスクマネジメントを習得するために

　リスクマネジメントのノウハウ構築には、基本的な知識の習得と現場で実践の繰り返しが必要です。ここでは、リスクマネジメントを習得し、法人マーケット開拓に取り組む方々のために、保険業界向けに様々なリスクマネジメントサービスを提供するNPO法人とそのサービスを紹介いたします。

RMCAとは？

　RMCAの正式名称は「特定非営利活動法人日本リスクマネジャー＆コンサルタント協会（以下「RMCA」）」であり、25年以上もの間、資格講座の運営を通してリスクマネジメント人材（リスクマネジャーやコンサルタント）の育成・指導を行い、リスクマネジメントを通した経済活動の活性化と日本社会に必要不可欠なリスクマネジメントの普及と定着に寄与することを目的として活動しています。近年は、保険業界の環境変化を背景に、保険業界へのサービスを強化し、保険代理店を通した企業や地域社会へのリスクマネジメントの普及とリスクマネジメントを通した保険業界のレベルとステイタスの向上に取り組んでいます。

【RMCA概要】
- ■名　　称：特定非営利活動法人　日本リスクマネジャー＆コンサルタント協会（略称　RMCA）
- ■設　　立：1993年12月（NPO登記完了：2005年9月）
- ■所在地：〒150-0001　東京都渋谷区神宮前6-28-9　東武ビル6F
- ■連絡先：担当　事務局長　相馬清隆　　　TEL　03-6892-4106　　FAX　03-6700-0966
  URL:http://www.rmcaj.net/　　E-mail:info@rmcaj.net

リスクマネジメント講座について

　RMCAでは、従来の一般事業会社向けリスクマネジメント講座に加えて、2017年度より保険代理店に特化した保険業界向けリスクマネジメント講座も開講しています。

【一般事業会社向けリスクマネジメント講座】

講座名	内容	必要日数	資格名	費用
基礎講座（WEB講座あり）	リスクマネジメントに関する基礎知識を習得します。（受講後に修了証を発行します）	1日（5時間）試験なし	なし	20,000円（税抜き）
リスク診断士（WEB講座あり）	企業の幅広いリスクを理解し、リスク診断に必要な知識を学びます。（「リスク診断ソフト」の利用資格を付与します）	1日（7時間）試験あり	リスク診断士	30,000円（税抜き）
実践実務	リスクマネジメント体制の構築に必要な実践的知識とノウハウを演習を通して学びます。	4日間試験あり	RMCA-J®上級リスク診断士	120,000円（税抜き）

【保険業界向けリスクマネジメント講座】

講座名	内容	時間	資格名	費用
財務基礎講座	保険募集人に必要不可欠な財務の基礎知識を習得します	5時間	財務FP	20,000円（税抜き）
保険RM講座	RMの視点から生損保の適正提案に必要な知識を習得します	5時間	法人保険アドバイザー	
法人生保講座	法人における生保活用に必要なRMの知識を習得します	5時間	法人保険マイスター	

保険ＲＭ研究会について

　RMCAでは、2018年より保険業界向けに継続的なサービスを提供する「RMCA保険リスクマネジメント研究会（略称　保険RM研究会）」を立ち上げています。目的はリスクマネジメントを基軸とした顧客本位の業務運営の実現と保険代理業界のレベルとステイタスのさらなる向上であり、継続的にリスクマネジメント情報とノウハウを共有し、意識の高い仲間との定期的な交流を通して仲間意識を高め、相互に育み合う仕組みを作ることで、より魅力的な業界への進化を目指しています。具体的なサービス等は以下の通りです。

１．コンテンツ提供　（RMCAが提供するコンテンツを割引価格で提供します）
①RM講座：30％割引（基礎講座・リスク診断士・保険関連講座、認定講師試験）、他の講座は20％割引
②ノウハウ：ツール・サービスの登録料の割引（リスク診断ソフト、リスク管理規程、認定校登録料等）
③情報提供：協会のオープンセミナーへの参加及び録画の視聴、メールマガジンの提供等

２．定期研修会等　（定期的なリスクマネジメントに関する研修会を開催します）
①全国各地で研修会を開催し、情報共有を行う（東京・大阪・名古屋にて年４回、他地域年２回）
②意識の高い代理店の方々との交流を通して、お互いに育み合う関係を構築する
③研修会のデータや映像はRMCAの提供するイーラーニングシステムでいつでも視聴できる

３．営業支援　（長年の歴史の中で培ってきたノウハウやネットワークで営業支援を行います）
①25年間の活動の中で培ってきたネットワークで講師や各種専門家をご紹介させていただきます
②業務委託契約によりRMCAの名刺で活動いただき、セミナーや研修の講師、RMサービスを提供できる
③RMCAの認定講師及び認定校制度を活用して独自でRMCAの講座を開講することができる

【保険ＲＭ研究会の費用】

　研究会員には個人で加入するＰＶ会員と、法人として加入するＣＰ会員の２種類があります。
・ＰＶ会員：5,000円／月（入会金１万円）
・ＣＰ会員：7,500円～／月（入会金２万円、１法人で２人以上の会員、３人目から１人2,500円追加）

※保険ＲＭ研究会の詳細については、協会のホームページをご参照ください。

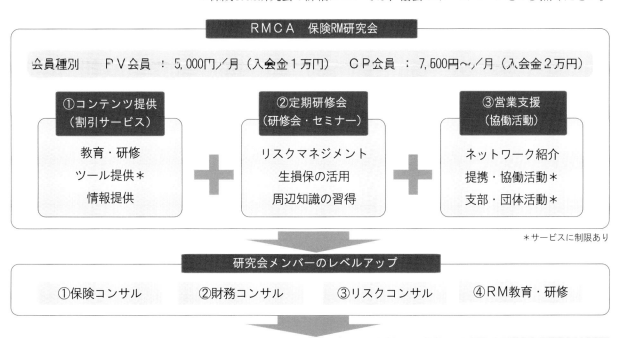

第2章
業種別リスクマネジメント

業種別リスクマネジメントの見方と留意点

　業種別リスクマネジメントの内容については、以下の3点についてご理解の上で参考情報・参考指標としてご利用いただきたいと思いますので、宜しくお願いいたします。

1．文章について
- 本書に記載している内容はその業種の全ての企業と合致している訳ではありません。あくまでも一つの事例であり、企業の置かれた環境やリスクはそれぞれ違う事を理解しておいてください。
- 本書に記載している内容は書籍の執筆時点における内容となっているため、古い内容記載部分があることをご了承ください。
- 記載している内容については、全てが事実に基づいたものではなく、業種ごとに想定される様々なリスク等の情報も記載しています。

2．リスクマトリクスについて
- 本書に掲載されているリスクマトリクスはその業種の全ての企業に当てはまるものではなく、あくまでも一つの事例として参考にしていただくためのものです。
- リスクマトリクスの縦軸は結果（損失の大きさ）、横軸は起こりやすさで、基準の掲載はありませんが、一般的な基準として以下のイメージを持ってください。

　　縦軸：中央実線より上が赤字に陥るレベルで点線より上は廃業に至るレベル
　　　　　中央実線より下が経営計画を揺るがすレベル、点線より下は影響が少なく保有できるレベル
　　横軸：中央実線が10年、左の点線が15年、右の点線が5年であり発生サイクルを表します
　　　　　15年超の期間に1回発生する場合は一番左、5年以内に発生する場合は一番右となります

3．財務指標について
- 財務指標は中小企業庁の中小企業実態基本調査その他の政府の調査指標の数字に基づいて算出していますが、あくまでも参考指標であることをご理解ください。
- 勘定科目の名称や内容は調査ごとに定義が異なるため、本書籍では勘定科目名を変更したり、意味合いが同等の数値を参照して財務的な指標を算出していますが、指標ごとにギャップが存在する可能性があります。
- 対象となる業種が含まれる大まかな業種分類から数字を抽出しているため、実際の業種・企業とはギャップがあることがあります。

　また、本書に記載の内容によって生じた損失等については一切保証できませんので、ご了承ください。

2. 業種別リスクマネジメント

1 葬儀業

葬儀業の特徴

　葬儀業者は小規模事業者が多く、許認可や届け出が不要で参入が比較的容易なこともあり、新規参入も相次ぎ、事業所数・従業者数ともに増加傾向にあるため、競争は激化しています。背景には高齢化社会を迎え、死亡者数が年々増え続けており、今後の需要拡大が見込まれることがあります。近年の葬儀の小規模化や会葬者の減少、葬儀獲得競争の激化による値下げ等により、葬儀1件当たりの単価は低下傾向にあり、日本消費者協会によると平成27年時点で平均188万9,000円と、ピークの平成15年に比較して2割減少しています。今後は葬祭前後の「終活セミナー」やニーズに合わせた「小さな葬儀」、料金を明確にしたサービス等の工夫が求められますが、葬儀業は単独で行えるものではなく、葬祭会館、生花業、仕出し料理、ギフト業等の多くの葬儀関連業者との取引がなければ成り立たないため、単価アップやサービス品質の向上を含む様々な業務改善には近隣の業者との連携が重要になってくると考えられます。消費者ニーズも遺族が風習として行う形式的な葬儀から本人の意思で行う葬儀へ、自宅や宗教施設での葬儀から斎場・ホールでの葬儀へ、核家族化や少子高齢化等の影響による立派な葬儀から簡素化への傾向が見られます。また、事業所数が増加する一方で苦情や相談が急増しており、業界全体で消費者への説明責任や情報開示の義務、見積書や料金の明示等を進めることも課題です。

リスクマップと財務基準の例

リスク項目

①競合他社の参入（異業種等）
②単価の下落
③営業チャネルの変化
④消費者ニーズの変化
⑤経営者等の死亡・就業不能
⑥火災・爆発等
⑦天災（地震・台風等）
⑧自動車事故
⑨労働災害（使用者責任含む）
⑩施設の老朽化・陳腐化
⑪コンプライアンス違反
⑫施設事故（賠償責任等）
⑬顧客とのトラブル
⑭雇用トラブル
⑮人材不足・育成難

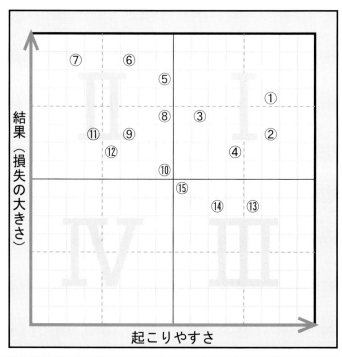

業種名	母集団企業数	収益性		安全性	
その他生活関連サービス業	12,584	総資本経常利益率	2.9%	流動比率	93.6%
		売上高経常利益率	3.4%	自己資本比率	27.3%
		人的指標		財務基準	
		売上／1人（百万）	16.167	経常利益（百万）	7.29
		人件費率	18.5%	純資産（百万）	68.74

※中小企業庁　2016年度　中小企業実態基本調査の中分類の数値を参考に作成しています。

葬儀業の特徴的リスク

葬儀業は地域密着のビジネスのため、①競合他社の参入（異業種等）による地域レベルでの競争激化や地元に貢献して来た⑤経営者等の死亡、⑬顧客とのトラブルによる風評被害等が非常に大きなダメージに繋がります。そして、異業種からの参入は、②単価の下落や③営業チャネルの変化（インターネットを用いた情報提供やイベントの開催、会員組織の拡充、サービスのパッケージ化等）をもたらしており、既存の葬儀業者が対応を迫られています。また、④消費者ニーズの変化は葬儀の簡素化による単価の下落をもたらし、斎場・ホール・会館等を持つ組織は⑩施設の老朽化（設備投資）への対応のみならず、⑥火災・爆発等や⑦天災（地震・台風等）によって財物損失や休業損失を被ったり、⑫施設事故（賠償責任等）を発生させるリスクも抱えています。また、葬儀業は24時間体制を求められる等、労働環境が不安定であるため、⑭雇用トラブルも起きやすく、葬儀の実務以外にも宗教や法律等の細かい知識が求められるため、⑮人材不足・育成難が大きな問題となっています。またそのような労働環境下において、搬送等の業務が発生するため、⑧自動車事故や、⑨労働災害（使用者責任含む）についても警戒する必要があると思われます。⑪コンプライアンス違反としては、葬儀料金等による顧客とのトラブルが風評被害となる可能性があるだけでなく、景品表示法違反に繋がるケースもあるため注意が必要です。

具体的リスク対策

異業種参入や消費者ニーズの多様化に対してはお客様のグリップ強化と顧客ニーズへの柔軟な対応を実施すると共に、オリジナルのメニューやサービスを提供することで競争力を持つことが必要です。最近では「全国一律価格のサービス」を提供する価格比較サイトが出てきており、今後はサイトからの紹介を活用することも、経営効率を高める戦略の一つとなりますが、それらの活用には、料金体系とサービス内容の明確化を図る必要があるでしょう。また、単価下落に対しては、サービス範囲の拡大による1件当たりの受注単価のアップ、徹底したアウトソーシングによるランニングコストの低下が考えられますが、中小事業者は後者を選択しているケースが多いようです。営業戦略的には地域密着を打ち出し、会員制度でコミュニケーションを深めたり、セミナーやカルチャースクール等を開催したり、地域貢献をすることで信頼を集めることも必要でしょう。しかし、前提は葬儀業者としてのサービスの充実であり、魅力ある葬儀を行うことで品質を高め、価格競争に巻き込まれず、地域密着の強みを活かすことが必要になります。そのため、今後は人材育成が必要不可欠であり、「葬祭ディレクター」等の資格制度等を利用し、労働意欲の向上を図ることも大切です。社長や役員の個人的な信用や繋がりではなく、人材育成を通して会社としての信頼を築くことが、末長く地域の信頼を集め、安定経営を実現するために必要不可欠です。

葬儀業における保険活用

近年の葬儀業においては会館等の所有が重要な要素であり、祭壇などの備品等を保管している倉庫や斎場・ホール等については火災保険等で万一の損失に備えると同時に、営業ができなくなった時の備えとして、休業損害を担保する保険などを検討する必要があります。保険料との兼ね合いもありますが、地震拡張担保を付帯することにより、地震被害に備えることも必要でしょう。また、葬儀場においては様々な賠償責任リスクが発生します。特に高齢者の参列者が多いことから施設賠償責任保険は必要不可欠であり、リスクの起こりやすさ・結果（損失の大きさ）ともに高いことが想定されます。所有の施設における事故ばかりでなく、お客様の自宅で祭壇を設置する際にお客様の家財等を破損してしまったというような、業務遂行に伴って発生した損害賠償責任も補償されます。ただし他の会館を借りて式典を行うといった形態の業務に伴って発生した損害賠償責任に関しては、請負業者賠償部分を担保する内容でなければ補償されませんので注意が必要です。それ以外にも遺族・弔問客の私物等を預かる場合には受託者賠償、食事の提供等を行う場合は生産物賠償等のリスクが考えられます。また、24時間体制の業務形態から労災等の発生も考えられるため、労災総合保険や所得補償保険、使用者賠償特約等で労災に対して備えることも大切です。近年の保険にはメンタルヘルスケア等の付帯サービスもあり、従業員の定着にも役立つと考えられます。

2. 業種別リスクマネジメント

② 旅館・ホテル

旅館・ホテルの特徴

　旅館・ホテル業には旅館業法が適用されますが、営業の種類としては、ホテル・旅館・簡易宿所・下宿営業等に分かれ、立地機能による分類では、シティホテル、コミュニティー・ホテル、ビジネスホテル、宿泊特化型ホテル、都市旅館、観光旅館と分けるのが一般的です。また、利用目的からは大きく観光、レジャー、ビジネス、冠婚葬祭を含めた集会交流等に分かれ、宿泊設備はその利用目的によって建築されます。

　基本的に装置型サービス産業であり、初期の多額な投資と長期の回収、商品特性として場所的・時間的制約があるため、立地条件と稼働率が事業を左右する重要な要因となります。シティホテルは婚礼や飲食部門の立て直し、ビジネスホテルはアジアの旅行客の取り込みや仕事以外の目的での利用者の増加やシングル客の他にツインの利用客の獲得、旅館においては地域が一体となった活性策で個人や家族連れ客等を増やすことに取組む傾向があります。また、インターネット（スマートフォン含む）による予約が一般化する中、当日予約数が今後さらに増加傾向にあることから、会員制度やポイント制度を通した宿泊予約者の固定客化や外国人宿泊客等の対応強化が重要と言えます。平成32年の東京五輪を頂点としてホテル需要は確実に高まるため、ホテル建設や客室の増加が見込まれますが、一方で人手不足に対するITの活用や民泊などが増加する中でサービスの向上が求められています。

リスクマップと財務基準の例

リスク項目

①単価の下落
②施設の老朽化・陳腐化
③営業チャネルの変化
④近隣への競合他社の参入
⑤経営者等の死亡・就業不能
⑥火災・爆発等
⑦地域ブランドの下落
⑧天災（地震・台風等）
⑨食中毒の発生
⑩自動車事故（送迎バス等）
⑪労働災害（使用者責任含む）
⑫コンプライアンス違反
⑬施設事故（賠償責任等）
⑭顧客とのトラブル
⑮雇用トラブル

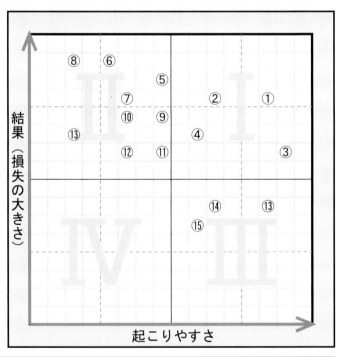

業種名	母集団企業数	収益性		安全性	
旅館・ホテル	15,178	総資本経常利益率	2.8%	流動比率	145.5%
		売上高経常利益率	5.1%	自己資本比率	15.9%
		人的指標		財務基準	
		売上／1人（百万）	8.025	経常利益（百万）	7.95
		人件費率	26.9%	純資産（百万）	44.55

※中小企業庁　2016年度　中小企業実態基本調査の中分類の数値を参考に作成しています。

旅館・ホテルの特徴的リスク

　旅館・ホテルが提供する価値は、a) 立地、b) 宿泊施設を含む諸施設、c) 料理・飲料、d) 人的サービスですが、旅館・ホテル業は設備や施設自体が価値の形成に影響を及ぼす装置産業であり、初期の多額の設備投資を客室・飲食・サービス収入等により、長期間にわたって投資を回収していくビジネスです。サービス継続のためには、その間の①単価の下落や景気の減退、季節の繁閑の影響に対応し、設備を⑧天災（地震・台風等）や⑥火災・爆発等から保全すると共に、③営業チャネルの変化、ニーズの多様化・高度化への対応として②施設の老朽化・陳腐化へのメンテナンス投資が必要となります。それらの対応を怠ると、品質低下を招き、④近隣への競合他社の参入の場合に新規客や固定客を奪われることになります。また、大きな災害や⑫コンプライアンス違反の発生によって⑦地域ブランドが下落した場合には、地域ぐるみの再建が必要となりますし、設備損壊を伴う災害が発生した場合には復旧に多大な時間とコストを要するケースもあるため、収入減少も含めた対応が必要です。その他大きな影響を与える突発的な事故としては、送迎をバス等で行っている場合は⑩自動車事故の危険がありますし、⑬施設事故（賠償責任等）や⑨食中毒の発生、⑤経営者等の死亡・就業不能や⑪労働災害（使用者責任含む）の発生等も考えられます。影響度は小さいですが、⑭顧客とのトラブルや⑮雇用トラブルについても注意が必要です。

具体的リスク対策

　業界の特性から、一旦赤字になると必要な設備投資が遅れ、品質低下が顧客満足度と客室稼働率の低下という悪循環をもたらします。まずは多額の設備投資を回収するために、安定的な顧客を呼び込む仕組みが戦略として重要と言えます。景気の減退や競合他社の参入・価格競争等に対しては、顧客ニーズへの柔軟な対応や独自性や特殊性、オリジナルメニューやきめ細やかなサービスで競争力を維持し、営業チャネルの多様化（宿泊客との接点）に対しては、インターネット等で情報を積極的に提供することが必要となります。同時に経営資源の老朽化や陳腐化を回避するには、消費者や宿泊スタイルの変化に応じた設備投資を行うことに加えて、火災や地震・台風等の災害から守ることも重要となります。今後、宿泊施設への規制強化も予想されることから、保険依存型ではなく、耐震補強や水害・停電対策、衛生面の刷新等の設備メンテナンスの計画的実施の他に、災害対策（教育研修・避難訓練・備品確保）及び緊急地震速報等の設置等も検討すべきと言えます。観光地等においては、地域の魅力を高めることも重要であり、地域が一体となって景観の整備や観光スポット及びイベントの開発等を行うことが必要です。人口減少という難題を抱える国内ホテル・旅館にとって、今後の観光産業を支える有望なマーケットとして、定年後の団塊世代層や3世代需要・外国人観光客の取り込み、海外展開等がテーマと言えます。

旅館・ホテルにおける保険活用

　旅館・ホテルにおいても「Ⅱ」分類に属するリスクに対する保険の有効活用がポイントと言え、自社の財務状況から必要な補償を確認することが大切です。適切な補償の手配を行うことで保険料コストを抑え、「Ⅰ」分類を中心としたリスク（保険ではカバーが難しいリスク）へと配分するコストを捻出または確保することが肝要です。まず、火災、天災等に備える保険に関しては、補償範囲や立地条件、防火対策・避難訓練等のリスク軽減策が割引要素となり、一事故の支払限度額や自己負担額を設定しリスクを保有することで保険料を抑えることが可能となります。また、必要に応じて水災や地震、破損・汚損等にも対応できる保険の選択や、営業休止状態に陥った場合の、収益だけではなく借入金等の返済財源に備える保険としても休業損害や事業継続に対応する保険を併せて検討することも重要と言えます。借入金がある場合は経営者の死亡リスク等に備えて必要補償額を算出し、生命保険を活用することも重要です。施設賠償責任や食中毒等の発生に備える保険に関しては、施設賠償保険・生産物賠償保険等の個別の契約ではなく、パッケージ型保険としてまとめることでコストダウンの可能性があり、必要に応じて受託物や自動車管理に関する賠償保険も検討する必要があるでしょう。日観連や全旅連等の団体に加入している場合は、団体保険を活用することによって安く保険を調達できる可能性もあります。

2．業種別リスクマネジメント

③ ペット病院

ペット病院の特徴

　ペットフード工業会によると、全国の世帯で買われている犬猫の数は約1,844万6千頭であり、犬の頭数は減少傾向にありますが、ペットの高齢化等を背景に、ペットの健康維持・管理への関心が高まっています。また、ペットに対する飼い主の愛情が高まる中、居住環境が良くなったことに加え、ペットを家族の一員として考え、資金を惜しまず、治療を尽くしてほしいという飼い主が増えています。そう言った環境下において、ペット関連市場は拡大傾向にありますが、異業種からの参入もあり、顧客の獲得競争は激しくなっています。ペット病院・診療所数も毎年増加傾向を続けており、平成29年12月末において1万5,797か所となっています。動物病院の開設については、獣医師法で「開設の日から10日以内にその所在地を都道府県知事に届出を行わなければならない」と定められており、開設のための施設基準についてはさほど厳しくありませんが、開設地域によって建築基準法及び土地計画法の制限を受けることがあるので注意が必要です。また、ペット病院は一般に診察のみの施設と入院施設を備えた2つのタイプがあり、近年は高級化傾向から入院施設を備えた病院タイプが増えています。基本的に動物診療は自由診療であり、料金は動物病院によってまちまちであることも特徴の一つです。多額の費用が発生することもあり、近年においてはペット医療費削減のためにペット保険を活用する飼い主も増えています。

リスクマップと財務基準の例

リスク項目

①過当競争（競合参入）
②治療ミス
③飼い主の要求の高度化
④近隣住民とのトラブル
⑤設備の老朽化・陳腐化
⑥獣医の死亡・就業不能
⑦火災・爆発等
⑧自然災害（地震・台風等）
⑨労働災害（使用者責任含む）
⑩コンプライアンス違反
⑪雇用トラブル
⑫院内事故
⑬施設事故（賠償責任等）
⑭インフォームドコンセント（患者の同意）不足
⑮人材不足・育成難（獣医等）

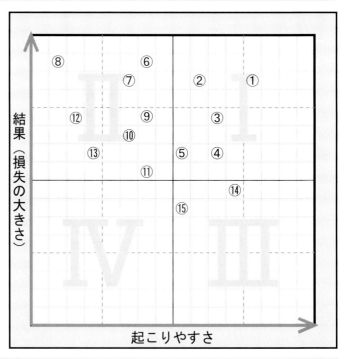

業種名	母集団企業数	収益性		安全性	
技術サービス	36,287	総資本経常利益率	6.6%	流動比率	214.8%
		売上高経常利益率	5.9%	自己資本比率	46.0%
		人的指標		財務基準	
		売上／1人（百万）	10.122	経常利益（百万）	5.98
		人件費率	42.8%	純資産（百万）	41.41

※中小企業庁　2016年度　中小企業実態基本調査の中分類の数値を参考に作成しています。

ペット病院の特徴的リスク

　ペット病院の特徴的リスクとしては、地域における①過当競争（競合参入）が発生する可能性、②治療ミスによる賠償責任の発生等がまず挙げられます。また過当競争に加えて③飼い主の要求も高度化していることから、競合との比較の中で⑤設備の老朽化・陳腐化による競争力の減退が発生することも考えられます。また、騒音や悪臭などによる④近隣住民とのトラブルは地域での営業継続の問題に繋がると共に、売上の減少をもたらす可能性もあります。起こりやすさの低いリスクとしては、⑥獣医の死亡・就業不能や嫌がらせ等による風評リスクが考えられるほか、設備等に多額の資金が必要になることから、⑦火災・爆発等や⑧自然災害（地震・台風等）等による施設損壊は非常に大きなリスクと言えます。また、危険動物の取扱いには絶えず⑨労働災害（使用者責任含む）が付きまとうため、⑩コンプライアンス違反や安全配慮が厳しく問われますし、⑪雇用トラブルに繋がることも考えられます。起こりやすさの高いリスクとしては、飼い主への適切な説明を欠くような⑭インフォームドコンセント（患者の同意）不足や⑮人材不足・育成難の問題が挙げられます。いずれも一度で致命的な損失に繋がることはありませんが、継続的に発生することで信用喪失やサービス低下に繋がるため注意が必要です。また、施設内で預かっている動物が⑫院内事故や⑬施設事故（賠償責任等）によってケガや病気になる可能性もあります。

具体的リスク対策

　ペット病院の需要増加の一方で飼い主の病院選択の意識の高まりから、競争激化が厳しくなっている傾向があります。立地の影響が大きく、地域間格差や料金やサービスの病院間格差が大きいといったペット病院の特徴から、所得水準の高い住宅地に集中したり、競合の存在やその評判等から狙い撃ちをされる可能性も高いと考えられるため、その地域での絶対的な信用と競争力を持つことが存続の前提条件となります。具体的には、近年のペット種類の増加に伴い、診療対象を広げることで差別化を図ったり、ペットショップやホテル、美容室等の併設やストレス軽減のセラピーを行ったり、そのような複合化を図ることで安定した収入源を確保し、ペット保険やクレジットカード対応を行うことで地域での価格競争力を維持しているケースも増えています。また近年においては、獣医師の医療ミスによる賠償金の高額化が進んでおり、ペットへの愛情が高まるにつれて、訴訟に向けた飼い主の相談件数が増える傾向にあります。治療行為に関するトラブルは大きな風評被害に繋がり、大幅な売上減少をもたらす可能性もあるため、インフォームドコンセントを徹底して飼い主との信頼関係を強めることが治療行為に関する賠償請求や飼い主とのトラブルを無くすことに繋がると考えられます。治療行為の費用を補償するペット保険の取扱いもサービスの一環として必要不可欠になってくるでしょう。

ペット病院における保険活用

　保険活用としてリスクマップのⅡのゾーンを中心として見ていきます。まず就業不能については大きな売上の減少をもたらす可能性が高いことから、所得補償保険の提案は必須と言えます。また同様に獣医等の死亡・就業不能リスクに備えての生命保険等も欠かせません。次に病院内の設備や建物に対する火災保険や地震保険、病院施設の欠陥による転倒事故や看板等の倒壊で第三者に損害を与えた場合の施設賠償保険は他の業種と同様に提案するべきでしょう。ペット病院の事業規模はそのほとんどが小規模の経営であることから、人材不足が常にリスクとして想定されます。それを少しでも低減するため労働災害が起きない安全な環境整備と福利厚生等を含めた労務管理が重要な課題となります。その対応として労災総合保険や業務災害総合保険等を用意しておくことは他の病院との差別化に繋がるポイントになり得ると思われます。もともと動物が好きである就業者が多いとはいえ、危険動物の取り扱いなど使用者賠償責任を負うべきケースも考えられることから使用者賠償責任保険についても検討しなくてはならないでしょう。近年においてはペット＝家族という感情が非常に強くなっているため、インフォームドコンセント不足や治療ミスに対応するリスクが高まっています。これらのリスクに対する賠償責任保険については引受保険会社は限られてきますが商品としては存在しているので必ず案内をするべきでしょう。

2. 業種別リスクマネジメント

4 理・美容業

理・美容業の特徴

　一部の大手チェーン店を除き、理・美容店のいずれもがほとんど零細規模であり、厚生労働省「衛生行政報告例」によると、平成30年3月末現在理容業の事業所数（店）は120,965店、従事者数は221,097人と減少傾向にあり、美容院の事業所数（施設数）は247,578店、従事者数は523,543人と増加傾向になっています。かつての男性が「床屋」、女性が「美容院」といったイメージが崩壊し、男性客の「床屋離れ」が続き、客数の減少や競合店舗の新規出店、客単価の減少や施設・設備の老朽化等によって理容店の経営は厳しく、専門性や技術力、地域密着、対面接客力を強化していくことが求められています。しかし、平成27年に規制緩和され、理容師のパーマ施術が認められ、平成28年4月には理容所及び美容所を同一の場所で開設できるようになったことから今後は「理美容室」といった形態の増加が見込まれます。一方、美容院では高齢者等を対象にした「出張サービス」が増加しており、形態別では全国チェーン型が若年層を対象に安さと速さを武器にし、地方都市型はOLや主婦層を対象にファッション性や技術での差別化、独立自営型では近隣の中高年層を対象に手軽さや親近感を武器にしている傾向があります。家計支出における美容・理容代は減少傾向にありますが、これからの生き残りのためには、絶えず新しい情報を入手し、慢性的な人手不足を解消しながら、技術の研鑽と集客力のアップを常に心掛ける必要があります。

リスクマップと財務基準の例

リスク項目

①顧客単価の下落
②過当競争（競合の出店）
③顧客ニーズの多様化
④戦略の失敗
⑤従業員の独立
⑥経営者等の死亡・就業不能
⑦薬品の誤使用・施術ミス
⑧労働災害（使用者責任含む）
⑨火災・爆発等
⑩天災（地震・台風等）
⑪雇用トラブル（雇用慣行）
⑫自動車事故
⑬施設事故（賠償責任等）
⑭従業員の定着率の低下
⑮顧客とのトラブル

業種名	母集団企業数	収益性		安全性	
洗濯・理容・美容・浴場業	33,545	総資本経常利益率	3.6%	流動比率	119.9%
		売上高経常利益率	3.1%	自己資本比率	28.6%
		人的指標		財務基準	
		売上／1人（百万）	6.642	経常利益（百万）	2.30
		人件費率	35.2%	純資産（百万）	18.06

※中小企業庁　2016年度　中小企業実態基本調査の中分類の数値を参考に作成しています。

理・美容業の特徴的リスク

理・美容業は、(a) 施術者の腕、接客サービスが店の売上を左右する。(b) 顧客が理・美容師個人に付いていることが多く、独立されると売上が減少する。(c) 店舗や設備を常に近代的イメージに保ち、衛生面が万全であることが売上に影響を与える。(d) 立地条件にあった料金体系と十分な固定客の保持を必要とするといった特徴があります。最近では家計の出費を抑える傾向や競合の価格破壊から①顧客単価が下落（来店周期の長期化）しており、③顧客ニーズも多様化しています。また、競合他社の出店や顧客の減少等より②過当競争に陥っているため、料金体系や、出店場所等の④戦略の失敗リスクも考えられます。相対的に労働条件が良くない傾向から⑭従業員の定着率の低下や⑪雇用トラブルに繋がることも多く、出張サービスのニーズの高まりから⑫自動車事故やそれに伴う⑧労働災害（使用者責任含む）に繋がる可能性もあります。また、施設内での⑬施設事故（賠償責任等）や⑦薬品の誤使用・施術ミスなどによる賠償責任の発生や⑮顧客とのトラブル、ヘアスプレー・マニキュア・ヘアトニックなど揮発性の高い備品や電気器具の過剰使用による⑨火災・爆発等や⑩天災（地震・台風等）による長期休業も考えられます。経営者や従業員の力量に依存している場合も多いため、⑥経営者等の死亡・就業不能や⑤従業員の独立も経営に大きな影響を与えます。

具体的リスク対策

理髪に対する一世帯当たりの支出が減少し続けている状況の中で、いかに他店との差別化を図り、口コミやＷｅｂなどのマーケティング等を活用し、戦略的に固定客をつかみ続けるかが大きなテーマとなります。大手チェーンや低価格店が出店する中で生き残るためには新しい技術の習得、常に最新の流行を抑えた情報収集力と共に情報発信力も欠かせない要素となります。また衛生的で洗練された店舗作りも他店との差別化の１つとなっていきます。チェーン店では統一感のある店内レイアウト、洗練されたデザインで仕上げているため、チェーン店以外の店舗ではそれを上回る独自性のあるデザインや行き届いた清潔感を出す必要があるでしょう。元来、労働集約型の産業であるため、従業員の日々の行動管理に注意することで労災等のリスクを抑えることも大切です。業界の歴史として徒弟制度的な要素が少なからず存在し、個人の持つ人間性と技術に顧客が付くため、従業員の独立は大きな売上減少をもたらします。また、技術を一定程度習得して辞めてしまう等、慢性的な人手不足が業界全体の問題であるため、優秀な人材の確保と繋ぎ止めが発展の大きな鍵となってきます。よって金銭的な待遇だけでなく、やり甲斐等の継続的な創出は経営者にとって重要なリスク対策であると言えます。また経営者自身が施術にあたっている場合は、労務管理、財務管理などの経営実務ができていないケースも多く、注意が必要です。

理・美容業における保険活用

特徴的なリスクに対する保険活用は次の通りです。1）賠償責任リスク：施術ミスによるケガ、使用した薬剤による頭皮や顔、首筋のかぶれに対する賠償責任や、店内での転倒、店内の装飾品の落下などでケガをした場合の賠償責任は施設賠償保険でカバーしますが、会社によっては理・美容業の引き受けを規制している場合があるので注意が必要です。2）財産・利益保全リスク：店内には比較的揮発性の高い薬剤があるため、タバコや電気機材などのスパークから火災に繋がることが考えられます。対象となる物件は什器備品、商品・製品、建物等となりますが、リース物件がある場合には、リースに保険が含まれているか確認する必要があるでしょう。これらは基本的に火災保険でカバーできますが、近年は各社で専用のパッケージ商品が発売されています。また、火災等による休業中の営業利益や人件費などの固定費については休業補償を担保する保険で対応する必要があるでしょう。3）従業員関連リスク：通勤途上の事故、就業中のケガは労災総合保険や業務災害総合保険等でカバーする必要があり、残業時間が多く休日も少ない業種特性から、使用者賠償保険等の活用も必要と言えます。4）経営・危機管理リスク：経営者の万一の事態に対する備えとして、運転資金や借入金返済等の財源確保、資産形成による財務力強化等のための経営者生命保険や、就業不能リスクに備えた（長期）所得補償保険等の活用も重要です。

2. 業種別リスクマネジメント

⑤ 保育園・幼稚園

保育園・幼稚園の特徴

　保育園と幼稚園は目的や利用方法に違いがあります。幼稚園は文部科学省の管轄で教育基本法に基づいて満3歳から小学校就学の始期に達するまでの幼児教育を行うところであり、保育園は厚生労働省の管轄で、児童福祉法に基づいて1歳未満児から6歳児を保護者に代わって保育する場となっています。しかし、待機児童問題を背景に平成24年8月に制定された「こども・子育て支援法」により、幼稚園と保育園の機能を併せ持ち、保護者が働いているか否かに拘わらず0～5歳児が通える施設として「認定こども園」が設立され、平成30年4月1日現在「認定こども園」の数は6,160か所で、平成23年から約8倍に増加しています。しかし、女性活躍推進法の制定等もあり、女性の社会進出に伴う共働き世帯が増え、少子化により園児の減少と同時に教員・スタッフの採用も難しくなっています。特に保育士不足は深刻化しており、平成8年度から保育士の国家試験を年1回から2回に増やし、「地域限定保育士」という資格を創設して保育士の増加を見込んでいます。基本的に少子化の影響で幼稚園への入園児は減少しており、幼稚園は平成30年に1万474か所で前年比4％減少し、保育園は2万7,137か所で3.3％増加しています。今後も共働き世帯の増加により保育園のニーズが高まる一方で、保育園・幼稚園に対するニーズの多様化や責任の重大化、園児数の減少を受けて幼稚園の経営環境は厳しさを増していくことが想定されます。

リスクマップと財務基準の例

リスク項目

① 少子化
② 政策転換（国・地方自治体）
③ 顧客ニーズの多様化
④ 事件・事故・犯罪
⑤ 施設の老朽化・陳腐化
⑥ 食中毒の発生
⑦ 自動車事故
⑧ 天災（地震・台風等）
⑨ 火災・爆発等
⑩ 施設事故（賠償責任等）
⑪ 労働災害（使用者責任含む）
⑫ 個人情報の漏洩
⑬ コンプライアンス違反
⑭ モンスターペアレンツ
⑮ 人材不足・育成難等（保育士等）

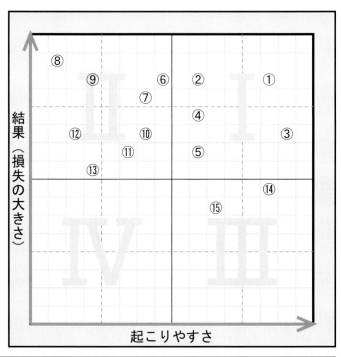

業種名	対象	収益性		人的指標		財務基準	
幼稚園（私立）	1,027	売上高経常利益率	2.8%	売上／1人（百万）	6.351	経常利益（百万）	2.64
				人件費率	63.5%		
保育園（私立）	1,317	売上高経常利益率	4.5%	売上／1人（百万）	5.141	経常利益（百万）	5.15
				人件費率	71.2%		

※厚生労働省　平成24年度　幼稚園・保育園の経営実態調査の数値を参考に作成しています。

保育園・幼稚園の特徴的リスク

　保育園・幼稚園のリスクの特徴としては、①少子化がますます進行する縮小産業である点、サービスの対象が乳児〜幼児であるという点であり、管理不足・注意不足から④事件・事故・犯罪が発生すると、そこから風評被害が発生し、入園者の減少等の大きな損害に発展する可能性があります。さらに、少子化に加えて、保護者の就労時間の変化等に対応した夜間や休日、病児への対応等の③顧客ニーズの多様化に柔軟に対応できなければ他園に子供たちを奪われることにも繋がります。また、②政策転換（国や自治体）による助成の削減・撤廃もリスクとなりますが、子供をサービスの対象とするため、⑤施設の老朽化・陳腐化による⑩施設事故（賠償責任等）や⑥食中毒の発生は致命的なリスクとなるので注意が必要です。⑧天災（地震・台風等）や⑨火災・爆発等の場合も同様に、建物等の経営資源の喪失だけではなく、預かった子供のケガに繋がる可能性があります。特に送迎バス等がある場合は⑦自動車事故発生による車両損害や園児への賠償責任問題に注意する必要があるでしょう。また、⑫個人情報の漏洩や⑬コンプライアンス違反、⑪労働災害（使用者責任含む）の発生の可能性もあるため、雇用している人員の管理も重要です。近年増加傾向にある⑭モンスターペアレンツにも注意が必要であり、対応を間違えると大きな風評被害に繋がり、慢性的な⑮人材不足・育成難（保育士等）をもたらします。

具体的リスク対策

　保育園・幼稚園のリスクの中でも最も注意しなければならないのは、乳児・幼児の安全であり、預かっている子供を守ることが大きな使命と考えられます。事件・事故・犯罪が起きないように、施設面の安全対策を行うのはもちろんですが、不法侵入者を許したり、幼児が勝手に園外に出て行ったりしないような工夫も必要になって来ます。また、園内だけではなく、通園途上の安全にも留意する必要があります。少子化の影響で商圏が広くなりつつあることから、通園バスで送り迎えをするようなサービスが差別化要素になっています。同様に、火災や天災等のリスクについても施設を守ることはもちろんですが、それらから園児を守るために何ができるかということを考えることが必要です。スプリンクラーの設置や避難経路の確保、避難訓練の実施、緊急地震速報の設置等の対策をしっかりと取ることが保護者の信用に繋がり、他園との差別化要素にもなると考えられます。地域密着のビジネスモデルであることを考えると、風評被害が非常に大きなリスクとして考えられますが、風評の源は子供ではなく保護者の場合もあるため、保護者からも信頼され、安心して子供を預けられる園を目指すことが必要です。少子化が進み、園児の数は減少傾向にある中で、保育の多様化したニーズは増加傾向にあり、ニーズに柔軟に対応し、他園との差別化要素を出すことがこれからの経営には必要不可欠であると考えられます。

保育園・幼稚園における保険活用

　保育園・幼稚園の保険活用としては、保育時間中に預かった子供たちに万一の事故があった場合の補償が一番重要となりますが、園の法的賠償責任に対応する保険契約（施設賠償保険や生産物賠償保険 etc.）と、法的責任の有無に関係なく保険金が支払われる保険契約（傷害保険 etc.）とを明確に区分する必要があります。園児の数にもよりますが、一般的に後者の保険は前者に比べて保険料もある程度高くなるため、まずは園としての見舞金規定等を整備したうえで、その規定の後ろ盾として保険を活用するか否かを判断するといった手順が重要です。ルール（見舞金支払いの基準）が不明確な状態での保険契約は、「保険金請求をすべきか？」「保険契約の目的は何か？」といったことで、事故発生の度に意思決定に迷いが生じますし、前者の保険（賠償保険等）のみのケースでは「園側に責任があるような形で事故報告をして保険金を請求・受領する」と言った、コンプライアンスに反するような事態を招きかねません。また、ケガの治療費のみならず、子供の精神的慰謝料や治療のために仕事を休んだ親の休業補償まで請求されるケースもあるため注意が必要です。また施設の保護のための火災保険や地震保険、修復に要する期間の休業補償に対応する保険も必要ですし、最近では保育士さんの過重労働や精神疾患の増加が問題となっているため、労災総合保険や使用者責任に関しての保険も必要と考えられます。

2. 業種別リスクマネジメント

6 警備保障業

警備保障業の特徴

（社）全国警備業協会によると平成27年末の警備保障業（8,689社）の年間売上総額は約3兆3,547億円であり、前年比4.7％増となっており、警察庁によると警備業者数も平成29年12月末において前年比1.2％増の9,548業者、警備員数も1.7％増の55万2,405人となっています。今後も東京オリンピックの開催を見据えて、ウエラブルカメラやドローンを用いた新技術で新しいサービスの開発が見込まれています。なお、企業規模としては警備員100人未満の警備業者が全体の89.5％を占めており、20人未満が53.3％を占めています。警備業務は1号業務から4号業務に分けられ、実施事業者の割合と企業数（平成29年12月末）は、【1号業務】施設、空港保安、機械（住宅・住宅外）：71.8％（6,860社）、【2号業務】交通誘導、雑踏：73.8％（7,048社）、【3号業務】貴重品運搬、現金輸送、核燃料物質等運搬：7.1％（676社）、【4号業務】緊急通報サービス等：6.6％（632社）となっています。安全・安心を求める消費者は依然として多く、警備のニーズも高い反面、企業や消費者のコスト意識も強く、同業他社との受注競争も激化しています。そのような背景から、料金値下げを迫られる中小業者が増えており、経営体力の弱い業者の淘汰が加速する可能性もあります。そのような背景の中で、従来の警備員による労働集約型産業から脱却し、監視カメラやインターネット関連技術・ＡＩ技術等を積極的に取り入れ、確実で効率的なサービスを提供する会社も登場しています。

リスクマップと財務基準の例

リスク項目

①技術環境の変化
②価格競争
③労働災害（使用者責任含む）
④事業戦略の失敗
⑤経営者等の死亡・就業不能
⑥債務不履行（警備中の事故）
⑦情報漏洩（機密・個人等）
⑧天災（地震・台風等）
⑨火災・爆発等
⑩自動車事故
⑪システム障害
⑫雇用トラブル
⑬コンプライアンス違反
⑭業務に起因する賠償事故
⑮人材不足・育成難

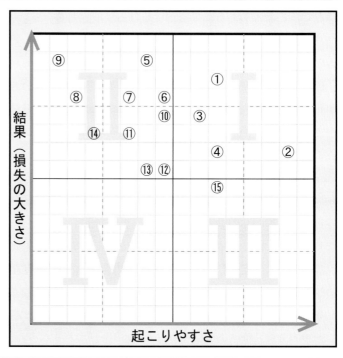

業種名	母集団企業数	収益性		安全性	
その他の事業サービス業	29,141	総資本経常利益率	5.0％	流動比率	182.5％
		売上高経常利益率	3.5％	自己資本比率	46.3％
		人的指標		財務基準	
		売上／1人（百万）	5.287	経常利益（百万）	9.94
		人件費率	41.9％	純資産（百万）	92.98

※中小企業庁　2016年度　中小企業実態基本調査の中分類の数値を参考に作成しています。

警備保障業の特徴的リスク

　警備保障業の特徴的リスクとしてまず挙げられるのは、機械警備システムの普及に伴う①技術環境の変化であり、適切な対応を行わなければ④事業戦略の失敗を招き、②価格競争の中で淘汰される可能性が高まるでしょう。また、危険な環境下における業務も存在することから③労働災害（使用者責任含む）や⑫雇用トラブルへの対応は不可避であると考えられます。起こりやすさの低いリスクとしては業務中の⑥債務不履行（警備中の事故）が挙げられます。特に現金輸送や要人の警備を行っている場合の過失事故は巨額の賠償請求に繋がる可能性があります。業務の関係上お客様の機密情報を扱うことが多いため、⑦情報漏洩（機密・個人等）のリスクも大きな損害に繋がる可能性があるでしょう。近年は機械警備システムによる警備が増加しており、⑪システム障害等が発生した場合も大きな問題に繋がりますし、⑧天災（地震・台風等）や⑨火災・爆発等が発生した場合には、自社の設備の損害のみならずシステム停止による巨額の賠償請求や契約先に設置している警報機器等の修理・交換を余儀なくされることも考えられます。その他現場へ急行する際の⑩自動車事故や⑭業務に起因する賠償事故、人的資源の要素が強いことから⑤経営者等の死亡や就業不能、⑮人材不足・育成難も大きな課題です。業種的に多くの法律が関係しているため、⑬コンプライアンス違反にも注意を払う必要があるでしょう。

具体的リスク対策

　犯罪の凶悪化や大規模災害の発生等の社会的な背景を受けて安心・安全を求める消費者は多く、警備に対するニーズは高まる傾向にありますが、競合の多さや企業や消費者のコスト意識の高まりから、今後も競争は激化していくことが想定されます。その中で勝ち残るためには、機械警備システムを中心としたハイテク化と複雑化するリスクに対する人材の高度化が求められます。大手企業が独自に新たな技術を用いた精度の高いシステムを開発し、付加価値を高めて受注攻勢をかける一方で、人的資源の活用を中心とした中小企業がどこまでサービスの付加価値を高めることができるかが大きな課題となっています。警備業界は「セコム」「綜合警備保障」の大手2社が市場を独占しており、中小業者は人的資源において独自の付加価値を創出することが必須となります。また、日本では単なるシステム販売ではなく、レンタルと付随したサービス（設備の提供・設置、警備員の出動等）で質の高い警備システムを維持しており、今後は大手の下請化や中小企業同士の連携を進めることで活路を見出すことも経営戦略の一つとして考えられます。2005年の警備業法改正において警備業務検定等が導入され、業務の専門化・高度化が進むため、サービス品質の向上も期待されています。信用力が大切な業界であるため、個人情報の漏洩や警備中の事故、システム障害等を抑制する内部統制環境の構築が差別化要素になり得るでしょう。

警備保障業における保険活用

　警備保障業における保険活用としては、まず労働災害が考えられます。交通整理や現金輸送の警護、セキュリティシステムへの対応等の危険な環境下における業務を考えると、決して安全な労働環境とはいえません。そのため、福利厚生としての上乗せ労災のみならず安全配慮義務違反に対応した使用者賠償保険も必要不可欠な保険と考えられます。また、高額な商品や現金・要人の警護にあっては、警備中の過失事故による賠償責任額が巨額になることも想定されるため、警備賠償保険を中心とした、賠償保険の手当が必要です。また、機械警護を中心とする事業所においては、自社の機械設備に損失をもたらす火災や天災（地震・台風・水災等）等に備えて火災保険や地震保険を準備すると共に、セキュリティシステムの電気的機械的事故等の不稼働事故に備えた機械保険等を検討する必要があるでしょう。それらに付随して売上減少が発生する場合は休業損害に対応する保険も検討すべきです。また、顧客に提供しているセキュリティシステムに不備が生じた場合に備えてＰＬ保険やリコール保険等の手配も検討する必要があると考えられます。多くの機密情報を保有する場合は情報漏洩に対する保険も必要ですし、緊急警備時の移動等に自動車を用いる場合は自動車保険等も必要となります。取引先が偏っている場合や信用不安がある場合は取引信用保険等を活用して倒産・貸倒リスクに備えることも必要です。

2．業種別リスクマネジメント

7 パチンコ店

パチンコ店の特徴

庶民の娯楽の代表格であるパチンコですが、市場は縮小の一途であり、日本生産性本部「レジャー白書2018」によると、平成30年のパチンコ・パチスロの市場規模は前年比4.3％減の19兆5,400億円となっています。市場縮小の要因としては、余暇の過ごし方の多様化やファン離れによる稼働率の低迷、普及した1円パチンコ等の低貸玉の効果が落ち着いたこと等が考えられます。警視庁の資料によると、平成29年のパチンコ営業店数は前年比3.5％減の1万0,596店ですが、店舗当たりの台数は増加しており、大型チェーンの勢力に押され、500台以下の中小店の淘汰・廃業が相次ぎ、501台以上の大型店が増加する傾向にあります。近年は市場規模の拡大をにらみ、アニメや映画等とタイアップした機種の開発やテレビＣＭによる新しい顧客の掘り起こし、1円パチンコ等で初心者や高齢者などのライトユーザーの取り込みなどを行っていますが、消費者のパチンコ離れに歯止めを掛けるには至っていません。娯楽市場はトレンドの変化も激しく、厳しい環境下にありますが、本来の遊戯性の範疇の維持と業界としての健全性への指導やPRが必要と考えられます。なお、パチンコ店の利益の源泉は、a) 出玉率差益（出玉率が90％なら10％が差益）、b) 景品交換差益（貸玉価格4円で、100円の景品と交換する時は、25個ではなく30個で交換し20円の差益を得る）、c) 商品の販売差益（景品の仕入原価率から計算）の3つとなっています。

リスクマップと財務基準の例

リスク項目

①大手チェーンの進出
②需要の減少
③過当競争（競合の出店）
④マーケットの変化
⑤火災・爆発等
⑥経営者等の死亡・就業不能
⑦天災（地震・台風等）
⑧労働災害（使用者責任含む）
⑨施設事故（賠償責任等）
⑩コンプライアンス違反
⑪法律改定
⑫強盗・放火・破壊行為等
⑬犯罪行為（ゴト師等）
⑭雇用トラブル
⑮顧客クレーム

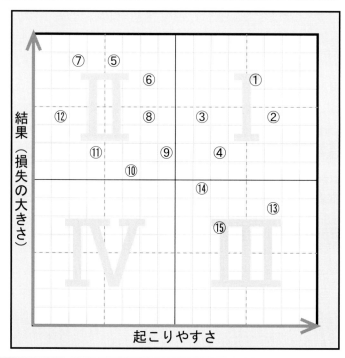

業種名	母集団企業数	収益性		安全性	
娯楽業	14,928	総資本経常利益率	4.3%	流動比率	126.0%
		売上高経常利益率	2.9%	自己資本比率	37.4%
		人的指標		財務基準	
		売上／1人（百万）	35.652	経常利益（百万）	27.65
		人件費率	7.6%	純資産（百万）	239.48

※中小企業庁　2016年度　中小企業実態基本調査の中分類の数値を参考に作成しています。

パチンコ店の特徴的リスク

　パチンコ店の特徴的リスクとしては、まず②需要の減少が挙げられます。参加人口は平成18年の1,660万人が平成29年には900万人まで減少し、ヘビーユーザーからライトユーザーへの④マーケットの変化が起きています。そのような環境下で①大手チェーンの進出や③過当競争（競合の出店）が発生し、消費者ニーズや新機種への対応等が必要不可欠になっています。低頻度で高損失をもたらすリスクとしては、⑥経営者等の死亡・就業不能や⑧労働災害（使用者責任含む）の発生、営業停止や営業許可取消に繋がるような⑩コンプライアンス違反や⑤火災・爆発、⑦天災（地震・台風）等によって施設建物や機械・設備等に損失を被るケースが考えられます。風俗営業適正化法の規制強化や3点方式（解釈次第では違法とされる懸念は消えていない）による換金の仕組みの是非など経営にとって厳しい⑪法律改定が行われる可能性も否定できません。また、施設の欠陥に起因して発生する⑨施設事故（賠償責任等）のみならず、⑫強盗・放火・破壊行為等によって来店客や従業員が被害を受けた場合は、店側の過失を問われるケースも考えられます。起こりやすさの高いリスクとしては、来店者の⑬犯罪行為（ゴト師等）や⑭雇用トラブル等がありますが、従業員トラブルはサービス品質の低下や社内不正を引き起こすことに繋がりますし、⑮顧客クレームは風評被害となって売上に大きな影響を及ぼすケースもあるので注意が必要です。

具体的リスク対策

　市場縮小が進むパチンコ業界で厳しい競争に勝ち抜くには、集客力と利益率の向上を実現する戦略の構築が必要不可欠です。具体的には、射幸性の高いヘビーユーザーをターゲットにするか、1円パチンコ等を導入し新しいライトマーケットのユーザー獲得を目指すかという、マーケット対象の明確な設定が重要と言えます。また、人気機種の導入やマイスロ対応機の導入により消費者ニーズに対応していくことも必要ですが、中小店においては中古機を活用するケースが多く、新型機の導入に要するコスト負担に耐えうる収益性や資金調達力の向上が求められます。一般的に出玉率を上げると顧客数増加と利益率低下、出玉率を低くすると利益率上昇と顧客数低下という一定の法則性がありますが、客足が遠のくと結果として売上も利益も減少するため、出玉率の調整が大きく収益性に影響します。近年においては、低価貸営業で稼働を確保し、射幸性の高い機種で粗利益を確保する経営スタイルが主流のようです。また、一方で従業員教育も非常に重要なリスク対策の一つであり、接客水準の向上や衛生管理及び安心で快適な店舗環境のための教育はもちろんですが、クレームが発生した場合の対処やゴト師や不正行為への対応、コンプライアンスに関する知識習得等もリスク管理上において重要になってきます。また、雇用に関するトラブルや社内不正を防ぐためにも従業員の満足度を高める取組みは必要不可欠です。

パチンコ店における保険活用

　パチンコ店における保険活用でまず挙げられるのは客席でのタバコの火の不始末等が原因となる火災・爆発に備えた火災保険が考えられます。目的の対象としては自己所有物件であれば店舗建物及びパチンコ台を含む、営業用什器・備品となります。確認すべき点としては一部保険の可能性や営業用什器・備品の付保漏れの有無などが基本となります。それに付随して、火災等で休業を余儀なくされた場合の営業利益、人件費等の損失または債務返済原資に対応する休業損害に対応する保険も提案しておくべきです。次に対象店舗の立地によりますが、天災（地震・台風）に対応する、地震保険、火災保険等を提案する必要があります。パチンコ店における地震保険の引受けは損害保険会社各社の引受基準に差があり、東日本大震災後はさらに引受基準が損害保険会社ごとに異なる（保険引受能力や再保険手配の関係）と共に、対応方針も都度変化しているため注意が必要です。近年では集客を促す店内イベント等を多く開催しているため、店内施設の欠陥等に起因する事故や強盗・放火・破壊行為によって来店客等がケガをした場合等に備えて施設賠償責任保険（初期対応費用・訴訟対応費用特約等も要検討）も提案しておくべきでしょう。最後に従業員に関するリスクとして労働災害に対応した労災総合保険、業務災害総合保険等を準備すると共に安全配慮義務違反に問われる可能性も鑑み、使用者賠償保険も提案すべきでしょう。

2．業種別リスクマネジメント

⑧ 産業廃棄物処理業

産業廃棄物処理業の特徴

　一般廃棄物（家庭等から排出される一般のごみ）や事業系一般廃棄物（産業廃棄物に該当しない事業活動に伴う廃棄物）とは異なり、産業廃棄物は排出業者に処理責任があり、基本的には産業廃棄物を処理・処分できる許可を受けた産業廃棄物処理事業者へ処理・処分委託をすることになっています。産業廃棄物処理業は作業区分によって大きく産業廃棄物収集運搬業と産業廃棄物処分業の二つに分けられ、産業廃棄物のうち原油などの爆発性、廃酸、廃アルカリ等の毒性、感染性など人の健康又は生活環境に係わる被害を生ずるおそれがあるものを特別管理産業廃棄物と言い、取り扱う場合は別の許可が必要となります。平成28年6月における産業廃棄物処理業の許可件数は17万689件、特別管理産業廃棄物処理業の許可件数は1万7,293件となっていますが、主業よりも建設業や製造業者が兼業で行っている割合が高く、産業廃棄物処理業者のほとんどが中小零細企業となっています。また、排出削減や再資源化の取組みで市場規模（年間約5兆円）は横ばいですが、排出事業者の責任が拡大する中で廃棄物処理業者の選定も厳しくなっており、リサイクル率と品質向上が求められる処理業者の中には経営難から淘汰される事業者が出てくることも予想されます。環境問題の観点から産業廃棄物処理業者の選定責任を問われる中、環境省は平成23年よりスタートした優良産廃処理業者認定制度の普及を強化しています。

リスクマップと財務基準の例

リスク項目

①産廃処理量の減少
②過当競争
③外部評価の体制の確立
④法律・行政の変化
⑤労働災害（使用者責任含む）
⑥経営者等の死亡・就業不能
⑦環境汚染
⑧自動車事故
⑨火災・爆発等
⑩天災（地震・台風等）
⑪施設事故（賠償責任等）
⑫コンプライアンス違反
⑬雇用トラブル
⑭取引先の倒産・貸倒
⑮施設の故障・破損

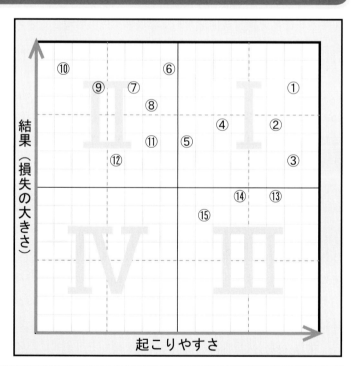

業種名	母集団企業数	収益性		安全性	
産廃物処理業	13,077	総資本経常利益率	5.5%	流動比率	219.6%
		売上高経常利益率	6.7%	自己資本比率	50.2%
		人的指標		財務基準	
		売上／1人（百万）	12.961	経常利益（百万）	15.16
		人件費率	32.1%	純資産（百万）	138.26

※中小企業庁　2016年度　中小企業実態基本調査の中分類の数値を参考に作成しています。

産業廃棄物処理業の特徴的リスク

　産業廃棄物処理業者にとって最も深刻な問題は①産廃処理量の減少による②過当競争及び産廃処理業者認定制度による③外部評価体制の確立と考えられます。業界的にも環境問題の深刻化や廃棄物処理法の改正等も含め、④法律・行政の変化が激しいため、変化への適切な対応が必要不可欠です。起こりやすさが低く、影響が大きなリスクとしては、そもそも巨額の設備投資を伴う事業であるため、⑥経営者等の死亡・就業不能や、⑨火災・爆発等や⑩天災（地震・台風等）による施設の損失が考えられます。また、施設の損失は同時に有害物質の漏洩による⑦環境汚染を引き起こす可能性があるため注意が必要です。環境汚染に繋がるリスクとしては、それ以外にも不法投棄等に代表される⑫コンプライアンス違反や、操業ミス、廃棄物を受け入れる際に契約と異なる物質が混入することによる⑮施設の故障・破損等も考えられます。また、近隣住民に影響を与える⑪施設事故（賠償責任等）としては、騒音・粉塵の飛散、トラックの騒音や土埃が考えられます。トラックの運行については⑧自動車事故の発生も考えられますし、それは⑤労働災害（使用者責任含む）に繋がる可能性もあるので注意が必要です。雇用環境が良いとは言えないため、⑬雇用トラブルに対して積極的に取り組むことで、今後の人材確保・育成に努めていくことも必要です。⑭取引先の倒産・貸し倒れについても対応を検討しておく必要があるでしょう。

具体的リスク対策

　産業廃棄物処理業者の存在意義は、有害物質を扱う業者として、それらを適切に収集・管理・廃棄を行うことです。コンプライアンス違反や技術面・運営面の問題のみならず、地震や台風といった天災を含め、いかなる理由であっても有害物質を漏洩させ、環境汚染をもたらさないことが重要です。その上で他社との差別化を図り、多くの産業廃棄物排出業者から信頼されて廃棄を委託される事業所となることが重要であり、その最初のステップが平成23年4月1日から施行された「優良産廃処理業者認定制度」において認定事業所となることであると考えられます。ここで求められているのは、①実績と遵法性（5年以上の業務実績と法令違反による改善命令等を受けたことが無いこと等）、②事業の透明性（会社情報のみならず、産廃物の処理状況や施設の維持管理状況等を広く公表していること等）、③環境配慮の取組み（ISO14001やエコアクション21等の認証を取得する等、環境に配慮した取組みを行っていること）、④電子マニフェスト（事務処理の効率化、法令遵守、透明性の確保等の確認がネットで可能なシステム）、⑤財務体質の健全性（同業社に比べて、健全な財務体質で安定的に事業を行っている）の5項目であり、これらを満たすことで産業廃棄物排出者は安心して委託をすることが可能になります。料金やサービス品質、特殊技術における差別化等、様々な要素がありますが、まずはここからのスタートではないでしょうか？

産業廃棄物処理業における保険活用

　産業廃棄物処理業は建設業、運送業等と共に労働災害が多い業種であるため、保険会社各社の引受基準において一定の制限があることを前提に、労災総合保険・業務災害総合保険等の提案は必要不可欠と考えられます。ただし、同じ作業場で委託や日雇等の作業従事者をどこまでカバーするのかを含めて丁寧なヒアリングをした上で提案すべきでしょう。また安全配慮義務違反が認められた場合には使用者賠償責任に問われることもあるので使用者賠償保険を準備しておきたいところです。トラックの交通事故に対する自動車保険の手当てはもちろんですが、自家用車での通勤がある場合は従業員の自動車保険の付保状況も確認しておく必要があります。また大きな設備投資をしている事業であることから、火災・爆発・台風・洪水についてはその設備を対象とした火災保険等の提案が必要です。東日本大震災、熊本地震を機にいずれの業種でも再度検討されている地震保険については、損害保険各社によって引き受けの状況が都度変化していることから提案には注意が必要です。最後に有害物質の漏洩等による環境汚染や騒音・粉塵の飛散・騒音・土埃など近隣住民や通行者等に対する第三者賠償責任の発生に対応する賠償保険については労災総合保険等と同様、引受規制業種としている保険会社が多いため、その事業者の状況をできるだけ詳細にヒアリング及びリサーチを行って対応することが重要となります。

2．業種別リスクマネジメント

⑨ 住宅建設業

住宅建設業の特徴

　住宅建設等の建設業界はピラミッド型の産業構造となっており、年間1000件以上施工する知名度のあるゼネコンや住宅メーカー等を頂点に、年間施工件数が10件にも満たない小規模な事業者が何層にも分かれて存在します。ここでは、地場産業で主に一戸建て等の個人住宅建設を専門で請け負い、社員数50名程度の中小規模の建設業者である工務店を対象として話を進めていきたいと思います。工務店は、住宅の工事で総合的な工事を請け負う業者のことを指し、工事が首尾よく行えるよう、複数の専門工事業者、大工、電気、水道その他住宅建設を取り扱う職人等の手配からマネジメント、工事全体を管理する役割を担っています。業界全体の動きとしては、国土交通省「建設業許可業者の現況」によると、平成28年3月末の許可業者数は15万8,263社で前年比2.6％の減少となっており、同「建築着工統計調査」によると、平成27年度の新設住宅着工戸数は前年度比4.6％増の92万537戸となっています。消費税増税前の駆込需要が一巡し、実質増税となった相続税の節税対策でアパート等の貸家が伸びていることが理由と考えられます。今後については、消費増税によって駆け込み需要が期待できますし、住宅ローン金利も低水準であるため、戸建て住宅の着工は堅調と予想される一方で、将来的にはデータ偽装等による法改正の可能性や、少子高齢化や人口減少、富の集中化・二極化を背景に住宅市場の縮小が予想されます。

リスクマップと財務基準の例

リスク項目
①景気低迷
②法律改正（税制含む）
③過当競争
④地価・金利上昇等
⑤労働災害（使用者責任含む）
⑥資材（人件費）の高騰
⑦貸し倒れ
⑧経営者等の死亡・就業不能
⑨自動車事故
⑩天災（地震・台風等）
⑪火災・爆発等
⑫ＰＬ事故・瑕疵等
⑬コンプライアンス違反
⑭第三者賠償事故（施設・請負等）
⑮人材の不足・育成難（技術者等）

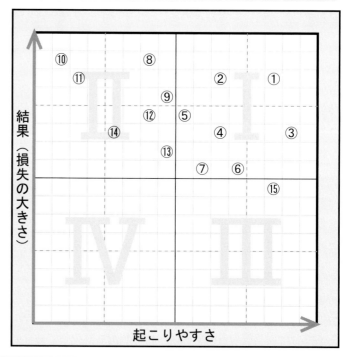

業種名	母集団企業数	収益性		安全性	
総合工事業	150,792	総資本経常利益率	4.5%	流動比率	173.1%
		売上高経常利益率	3.4%	自己資本比率	40.8%
		人的指標		財務基準	
		売上／1人（百万）	26.353	経常利益（百万）	9.62
		人件費率	14.8%	純資産（百万）	87.47

※中小企業庁　2016年度　中小企業実態基本調査の中分類の数値を参考に作成しています。

住宅建設業の特徴的リスク

　業界的な特徴として、①景気低迷により新設住宅着工件数が大きく影響を受け、②法律改正（税制含む）や④地価・金利上昇等は不動産価格の高騰や金利負担の増加として建設業者に大きな影響をもたらし、⑦貸し倒れの増加にも繋がります。また、住宅に関する税制改正や住宅ローン金利の上昇は消費者動向に影響を与えて③過当競争をもたらし、⑥資材（人件費）の高騰は利益率の減少に繋がります。建設業界で外せないリスクとして⑤労働災害（使用者責任含む）が挙げられますが、労働災害は大切な人員を失うだけではなく、工期の延長によって利益率の低下に繋がり、受注の減少や入札への参入ができなくなることもあるため注意が必要です。その他にも、資材の運搬中等に⑨自動車事故を起こすケースや、工事施工中に第三者の身体や財物に損害を与えて⑭第三者賠償事故（施設・請負等）を起こすケース、引渡後に⑫ＰＬ事故・瑕疵等が発生する可能性も否定できません。財物損失としては、⑩天災（地震・台風等）や⑪火災・爆発等により建築中の建物や管財物件が損害を被る可能性がありますし、許認可事業であるため、重大な事故や⑬コンプライアンス違反の発生に伴い業務停止・許認可取消等の行政処分を受けることも考えられます。人的な要素としては、⑧経営者等の死亡・就業不能もさることながら、熟練の技術者の高齢化と若者離れのため、今後は⑮人材の不足・育成難（技術者等）も重要なリスクとなってくると考えられます。

具体的リスク対策

　建設業のリスクは、景気や金利の動向、土地や資材の価格変動のような環境的な要素も多く、政治や経済環境、技術進化や消費者の住宅に対する価値観の変化等に敏感に対応するため、人材確保や教育研修による最新技術への対応等、技術力の向上が欠かせません。また、労働災害への対応も重要です。労災事故の発生が受注の減少や入札への不参加等に繋がることもありますし、使用者や元請け会社が安全配慮義務を問われ、巨額の賠償責任を負う可能性があります。一般的に企業側が民事上の賠償責任を負うケースとしては、a) 法令違反（労働安全衛生法違反等）がある場合、b) 債務不履行（安全配慮義務違反）がある場合、故意・過失に基づく c) 不法行為責任がある場合が考えられます。a)のケースでは、自社に関連する労働関連法令を把握し、対処することが求められます。b) のケースの責任は、労災事故に際して、事故の「予見可能性」と「回避可能性」があったにも関わらず、適切な事故防止策を打たなかった場合に生じます。つまり、法令遵守では十分ではなく、安全に配慮し、適切な対策を取らなかった場合は、安全配慮義務を怠ったとして損害賠償責任を被る可能性があります。近年においては、精神疾患や過労死の事例も増えており、安全配慮義務のみならず健康配慮義務が求められています。対象も正社員だけではなく、出向社員や下請業者に対しても安全配慮を求める判例が出ているため注意が必要です。

住宅建設業における保険活用

　まず最も保険の活用が考えられる第三者賠償について見ていきます。工事中の事故に対しては請負賠償保険が対象となり、引き渡し後の第三者賠償事故については生産物賠償保険で手当てすることとなります。特に引き渡し後の事故については、どの時点での施工が原因で事故が発生したのか等の因果関係によって支払いの対象にならない場合もあるので注意が必要です。住宅建設業においては特に運搬物の種類が多岐にわたるため、その運搬中の自動車事故も考えられます。現場までの移動に自家用車を使用している場合は個人の自動車保険の付保内容についても確認することが重要です。また、労働集約型産業であるため、日雇・下請業者を含んだ労働災害は外すことができないリスクであり、福利厚生や訴訟回避の意味合いを持った災害補償規程がある場合は、それに対応する労災総合保険・業務災害総合保険等で備え、安全配慮義務違反による使用者責任には使用者賠償責任保険を準備しておくべきです。それ以外にも、事務所建物の天災（地震・台風等）や火災に備えての地震保険や火災保険、それらの事故による事業中断に備えた利益保険等が必須となりますし、資材や工具などの盗難事故の発生、建設中の建物の火災や突発的な事故に備えた組立保険・建設工事保険等も提案しておくべきです。景気の後退局面では貸し倒れリスクが増大するため、必要に応じて取引信用保険等も検討する必要があるでしょう。

2．業種別リスクマネジメント

⑩ 電気工事業

電気工事業の特徴

　国土交通省の「建設工事施工統計調査」によると、平成28年度の電気工事業の完成工事高は前年度比1％減の4兆8,875億円となり、元請・下請完成工事高もそれぞれ1.2％、0.7％の減少となっています。一方で平成28年の許可業者数は54,626社となっており、対前年0.9％増と一貫して増加しており、就業者数についても前年度比8.3％増加し、33万8,255人となっています。事業所規模は資本金1,000万円未満が29,376社で全体の約54％、5,000万円未満が52,855社で約97％となっており、ほとんどが中小零細企業となっています。元受けの割合は55.7％となっていますが、発注者別で見てみると、民間受注への依存度が約77％と高くなっており、民間が前年度比0.5％減の約3兆7671億、公共が前年比3.5％減の1兆1204億円となっています。しかしながら、平成32年に予定されている東京オリンピックに向けた関連工事や首都圏を中心に大規模な再開発による電気工事・電気通信工事の需要の増加、東日本大震災以降低調であった電力関連投資も徐々に回復することが見込まれています。また、平成28年4月の電力小売りの完全自由化による新電力会社の設備投資や再生可能エネルギー関連工事、クラウドサービスの拡大に迅速に対応するためのシステム投資、オール電化工事・光ファイバー等のIT関連工事に加え、電気自動車（EV）の充電設備工事の増加も見込めるため、前向きに新しい分野に進出することで業容拡大のチャンスも十分にあると考えられます。

リスクマップと財務基準の例

リスク項目

① 技術開発の遅延
② 工事単価の下落
③ 過当競争
④ 貸し倒れ
⑤ 公共工事の減少
⑥ 経営者等の死亡・就業不能
⑦ 労働災害（使用者責任含む）
⑧ 瑕疵責任（PL事故）
⑨ 天災（地震・台風等）
⑩ 火災・爆発等
⑪ 自動車事故
⑫ コンプライアンス違反
⑬ 第三者賠償（施設・請負等）
⑭ 工事対象物の破損・汚損
⑮ 原料・材料の高騰

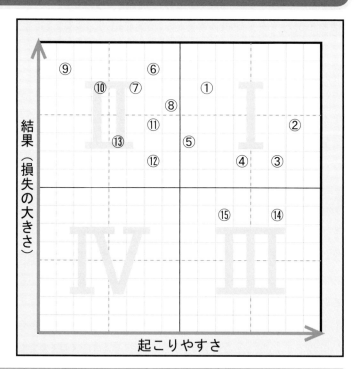

業種名	母集団企業数	収益性		安全性	
設備工事業	51,887	総資本経常利益率	5.6％	流動比率	203.0％
		売上高経常利益率	4.0％	自己資本比率	41.9％
		人的指標		財務基準	
		売上／1人（百万）	22.147	経常利益（百万）	8.42
		人件費率	21.3％	純資産（百万）	63.09

※中小企業庁　2016年度　中小企業実態基本調査の中分類の数値を参考に作成しています。

電気工事業の特徴的リスク

電気工事業の特徴として、(a) 労働集約型産業であり、(b) 季節変動や住宅着工数・公共工事等に左右されやすく、(c) 近年においてはＩＴ関連や省エネ、オール電化、電気自動車（ＥＶ）用の充電設備需要も含め新しい技術力が求められる業界でもあります。

近年の工事減少による受注減少を補うためにはＩＴ化や省エネといった新しい時代のニーズに対応する必要があり、①技術開発の遅延は②工事単価の下落や③過当競争が避けられない状況において非常に重大なリスクとなります。また、景気の後退局面においては、④貸し倒れや⑤公共工事の減少等が考えられます。突発的なリスクとしては、⑨天災（地震・台風等）や⑩火災・爆発等が考えられますが、⑦労働災害（使用者責任含む）や工事中の事故や施設の事故に起因する⑬第三者賠償（施設・請負等）、引き渡し後の⑧瑕疵責任（ＰＬ事故）、移動中の⑪自動車事故等も考えられ、これらの事故が多発すると、元請けからの取引中断等にも繋がるため注意が必要です。また、経営者の人脈等に依存している中小企業の場合は⑥経営者等の死亡・就業不能が経営に大きな影響を及ぼす可能性が考えられます。また、下請法違反や談合等の⑫コンプライアンス違反も重大なリスクとして考えられるでしょう。⑭工事対象物の破損・汚損や⑮原料・材料の高騰についても１事故辺りの損害額は大きくありませんが、起こりやすさが高いため対策検討が必要でしょう。

具体的リスク対策

従来型の工事量が減少する中で、オール電化や光ファイバー等のＩＴ関連工事、環境を意識した省エネなどへの新しい取組みを進め、チャンスを拡大していくことが大切です。常に技術を磨くことが、差別化要素や競争力の確保だけではなく、請負賠償や生産物賠償責任にかかわる事故を減らすことに繋がります。景気拡大局面では工事量が増加し売上及び利益の拡大が見込めますが、厳しい時代に勝ち残っていくためには、経費削減を行いながら、経営効率を上げて企業体質を強化することが重要です。新しい技術やノウハウを取得するための教育や将来の事業への先行投資は必要不可欠なことから、工事毎の原価管理を行い一定水準の利益を確保することが大切です。貸し倒れや元請けの倒産等のリスクに対しては与信管理の徹底のみならず、取引先や売掛債権を分散させておくことが必要です。特定業者との取引や債権の集中はリスク量を増大させます。売上金回収（債権回収）の視点を持ち、販路を拡大（分散）することも重要なリスク対策のひとつです。

また、労災事故は発生したという事実だけで元請けからの受注を失う可能性や、安全配慮義務違反を問われた場合には巨額の賠償請求を受けることになる可能性もあります。労災隠しや談合等のコンプライアンス違反も取引停止や入札停止に繋がる恐れもあるため、純粋に事故が発生しない状況を作り上げることが必要不可欠と言えます。

電気工事業における保険活用

下請業務の受注には、一定の要件（補償内容や補償額）を満たす業務災害総合保険等への加入を条件とするケースが一般化しており、「労災総合保険」もしくは「被保険利益が従業員ではなく企業の方にある保険商品」等で、保険会社および保険商品名まで限定列挙されるケースがあり、一般的な傷害保険では被保険利益は従業員にあるため、要件を満たさないこともあります。元請けとしては、下請企業が使用者責任を果たさずに破たんすることで、元請けが被る経済的損失を最小限に止めるために、業務中の事故による従業員等の身体傷害に対しての保険であっても、明確に「企業としての責任を肩代わりすること」を目的とした約款構成の保険であることを重要視していると考えられます。請負業者賠償や生産物賠償等の賠償責任保険は、特約の有無やパッケージ型保険（総合保険）等、保険会社によって補償範囲が大きく異なるため注意が必要です。特に事業者の工事遂行中の事故で、直接的に作業を加えている物の損害や管理中（下）の物件の補償の有無には注意が必要です。損害保険各社から特色ある商品が発売されていますが、保険商品からではなく事業者のリスク実態から、特約等を含めた補償の選択をすることが極めて重要です。また、自社ビルや倉庫等を所有する企業は地震保険や火災保険、借入金が多い企業は経営者補償、自動車での移動が多い企業は自動車保険等を準備する必要があります。

2. 業種別リスクマネジメント

⑪ 清酒製造業

清酒製造業の特徴

　ニーズの分散（ワインや焼酎など）や若者のアルコール飲料離れ、人口減少等によって清酒市場は縮小傾向にあります。平成28年の清酒の出荷量は前年比2.7%減の54万キロリットルであり、平成15年と比較すると38.0%も減少しています。また総務省「家計調査年報」及び「世帯数調査」からすると、平成27年の消費者支出ベースでの清酒の市場規模は約3,000億円となっています。1世帯当たりの清酒の年間消費支出額も前年比6%減の5,938円であり、5年連続の減少となっていますが、酒類全体に占める割合は14.38%であり、ここ5年間は14%代で落ち着いています。50歳代以降のヘビーユーザーの高齢化による消費量の減少や若者のアルコール離れ、焼酎やハイボール等他の種類に消費がシフトする等、日本酒の消費量はこの20年間で半減しているのが現状です。また清酒製造免許場数（国税庁統計年報書）は平成27年度で1,627社となっており、前年比0.4%の減少となっています。実際に清酒を製造しているのはほとんどが売上高1億円前後の中小企業であり、経営難から廃業に追い込まれる中小蔵元が増えています。国内の販売不振が続く中、成長が見込まれる海外に活路を見出す動きや、自動製麹機を導入し、生産の効率化を図る会社も増えています。また街中の酒屋の数が減少する中で、全国各地に商品を届けられるネット通販事業を強化して販路拡大を目指す蔵元も増加しています。

リスクマップと財務基準の例

リスク項目

①マーケットの縮小
②競争激化（ビール・ワイン等）
③マーケット変化（ヘビーユーザーの高齢化）
④従業員の高齢化
⑤設備の老朽化・陳腐化
⑥経営者等の死亡・就業不能
⑦PL事故・リコール等
⑧天災（地震・台風等）
⑨火災・爆発等
⑩労働災害（使用者責任含む）
⑪自動車事故
⑫コンプライアンス違反
⑬施設事故（賠償責任）
⑭人材不足・育成難（杜氏等）
⑮原材料の入手難・高騰

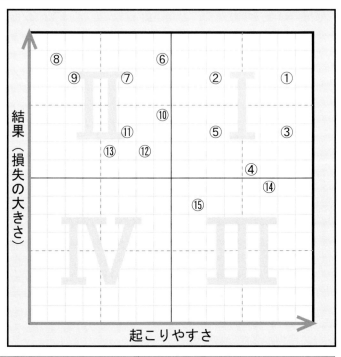

業種名	母集団企業数	収益性		安全性	
飲料・たばこ・飼料製造業	5,177	総資本経常利益率	4.0%	流動比率	184.9%
		売上高経常利益率	4.3%	自己資本比率	48.8%
		人的指標		財務基準	
		売上／1人（百万）	29.514	経常利益（百万）	26.89
		人件費率	13.3%	純資産（百万）	330.94

※中小企業庁　2016年度　中小企業実態基本調査の中分類の数値を参考に作成しています。

清酒製造業の特徴的リスク

　若者のアルコール離れや消費スタイルの変化等により①マーケットの縮小や③マーケットの変化（ヘビーユーザーの高齢化）による消費量の減少、さらには価格帯や嗜好の多様化からますます②競争が激化（ビール・ワイン等）することが考えられます。また、長年のノウハウを有する④従業員の高齢化は清酒製造業の個性かつ品質を支える⑭人材不足・育成難（杜氏等の確保）をもたらし、企業の存続にかかわる問題となる可能性があります。歴史ある企業が多いため、⑥経営者等の死亡・就業不能は致命的な損失となりますし、古い労働慣習が残っている場合は若者との間で雇用トラブルに発展する可能性もあるでしょう。また、生産設備や貯蔵タンク・倉庫等の固定資産が総資産に占める割合が大きいため⑧天災（地震・台風等）や⑨火災・爆発等による設備損害のみならず、歴史の長い企業ほど⑤設備の老朽化・陳腐化への対応も不可欠となります。業態として特殊な生産設備や保管施設が多いため、長期休業が発生した場合には早期復旧が困難となる可能性が高いでしょう。また、業務中の⑬施設事故（賠償責任）や運搬中の⑪自動車事故や⑩労働災害（使用者責任含む）も巨額になる可能性がありますし、表示偽装等の⑫コンプライアンス違反や⑦PL事故・リコール等についても販路の多様性（ネット・海外）からリスクは増大傾向にあります。自然災害等の影響を受けやすいため、⑮原材料の入手難・高騰（酒造好適米等）というリスクも想定が必要です。

具体的リスク対策

　国内マーケットが縮小にある中、日本食ブームが浸透する海外において、日本酒の認知度及び消費量が拡大傾向にあります。海外向け専用商品の開発やインターネット通販、または女性や若者の生活シーンに合わせた「日本酒の楽しみ方の提案」等が考えられます。ビールやワイン、焼酎等との競争において容量やパッケージの工夫の他、美や健康を意識した商品開発やブランディングも新たな付加価値となるでしょう。杜氏の高齢化や確保難は清酒製造業の「個性と品質」の継承に影響を与えますので、人材育成や機械化等への対応による品質の維持・向上が急がれます。また機械設備の操作方法の誤り等は爆発や破裂、メンテナンス不足は過熱や漏電による火災事故や機械故障にも発展する可能性がありますので、定期点検やマニュアルの整備、人材の教育・訓練も必要になります。またこのような事故は設備や商品損害だけではなく事業の中断（長期休業）という事態にも発展しますので、緊急時の資金調達の他、特殊生産設備の再調達計画や代替生産拠点の確保、情報のバックアップ等の緊急時の事業継続計画を策定し、損失の軽減と早期復旧を可能にすることも重要です。同様に健康被害や異物混入等の発生による製品回収や第三者賠償事故は、信用低下やブランド損失になりますので、リコール（製品回収）手順や食品事故対応マニュアルの整備（運用）も重要なリスク対策と言えます。

清酒製造業における保険活用

　清酒製造業の存続に必要な設備・商品を守るためには、天災（地震・台風）や火災に備えて損失規模を考慮した保険手配が必要であり、具体的には地震保険や火災保険、機械保険といった財物補償の保険を提案します。さらに事故によって長期間の休業が余儀なくされる場合に備えて事業の早期復旧を目的とする事業継続計画を作成し、必要に応じて利益保険や営業継続費用保険を活用することが重要です。それらの設備投資を借入で行っている場合には、事業承継等に備えて経営者補償等を準備する必要がありますし、従業員の高齢化が進む中で退職金の準備にも生命保険を活用することが有用です。業務中の第三者賠償事故（施設・輸送中）については、自動車保険の他に、施設事故に対応する施設賠償責任保険があり、製品引き渡し後のリスクとして製造物責任保険（PL保険）及びそれに付随して製品回収が必要となる場合のリコール保険等が考えられます。ネット通販や販路拡大により製造物責任や製品回収リスクが高くなっており、必要に応じて国外対応の可否も含めた保険設計が必要です。人的リスクについては、労働災害が挙げられますが、単なる上乗せの補償ではなく、安全配慮義務違反が問われた場合の使用者賠償保険等も含めて検討する必要があると思います。近年はセクハラやパワハラなどの雇用トラブルが増えているため、雇用慣行賠償責任保険や精神疾患に備えた所得補償保険等を活用する企業も増えています。

2．業種別リスクマネジメント

12 製菓業

製菓業の特徴

　お菓子産業は流通の観点からは二つに分類されます。一つは製造企業から卸売・小売りを経て消費者に販売される流通菓子（一般的にチョコレートやスナック菓子）であり、機械化による大量生産が行われています。もう一つは製造と共に小売りも行うもので、お店の中で和菓子や洋菓子を製造し、店頭等で消費者に販売するものですが、こちらは手工業的・労働集約的で、多くが中小企業といわれています。全日本菓子協会によると、平成27年の国内菓子市場は小売りベースで前年比2.5％増の3兆3,339億円であり、外国人からのインバウンド需要もあり、市場規模は増加傾向となっている。一方で経済産業省「工業統計表」によるとパン・菓子製造業の事業所数は前年比3.4％減の5,247か所、従業者数は同0.2％減の25万7,957人となっています。少子高齢化で国内需要が頭打ちになる中で、海外向けの戦略や高齢者をターゲットに健康やダイエット志向等の多様なニーズに応えることが求められています。また、砂糖等の原材料の高騰やスーパーやコンビニなど流通大手の低価格ＰＢ商品との販売競争による顕著な単価下落により、収益性の低下も懸念されています。元来、景気変動の影響を受けにくいと言われてきた業界ですが、消費税の引き上げ等によって消費者も価格に敏感になることが想定されますし、食品事故の発生に伴う安心・安全を求める声や健康ニーズの強まりから原産地や原材料を見て購入する消費者も増加しています。

リスクマップと財務基準の例

リスク項目

①需要減少（少子高齢化）
②ＰＢ商品の普及
③低価格化
④原材料の高騰
⑤消費者ニーズの変化
⑥経営者等の死亡・就業不能
⑦PL事故・リコール等
⑧火災・爆発等
⑨天災（地震・台風等）
⑩自動車事故
⑪労働災害（使用者責任含む）
⑫コンプライアンス違反
⑬施設事故（賠償責任等）
⑭雇用トラブル
⑮設備の老朽化・陳腐化

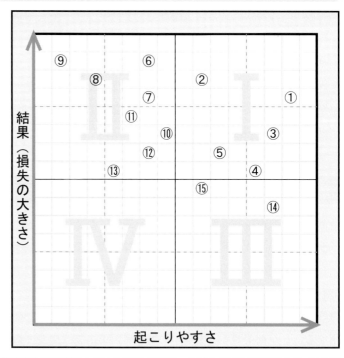

業種名	母集団企業数	収益性		安全性	
食料品製造業	28,897	総資本経常利益率	3.9%	流動比率	192.2%
		売上高経常利益率	3.0%	自己資本比率	45.7%
		人的指標		財務基準	
		売上／1人（百万）	17.435	経常利益（百万）	21.02
		人件費率	18.8%	純資産（百万）	245.24

※中小企業庁　2016年度　中小企業実態基本調査の中分類の数値を参考に作成しています。

製菓業の特徴的リスク

　製菓業の特徴的リスクとしては、まず少子高齢化に伴う①需要減少（少子高齢化）が挙げられます。また需要減少に伴う競争激化と低価格指向に向かう⑤消費者ニーズの変化への対応から大手企業等による②ＰＢ商品の普及が進んでおり、③低価格化にも拍車が掛かっています。また、④原材料の高騰も収益率を下げる要因になっています。起こりやすさが低く、結果（損失の大きさ）の大きいリスクとしては、まず⑥経営者等の死亡・就業不能と⑦ＰＬ事故・リコールの発生による賠償責任や売上減少、信用損失が挙げられます。産地偽装や消費期限偽装等の⑫コンプライアンス違反も同様ですが、安心・安全、健康が求められる中で消費者からの信頼喪失は大きな損失に繋がります。また、製造施設等の資産を持っている企業が多いため、⑮施設の老朽化・陳腐化への対応のみならず、⑧火災・爆発等、⑨天災（地震・台風等）によって建物や工場、設備や商品・原材料を失うリスクや、それに伴って収入減少を余儀なくされるケースも考えられます。また、⑬施設事故（賠償責任等）や配送車や営業車を所有する会社の場合には⑩自動車事故への対応も必要不可欠であり、近年の労働問題への意識の高まりから、メンタルヘルスの問題も含めた⑪労働災害（使用者責任含む）や⑭雇用トラブルについても注意を払う必要があると思われます。また、同業他社の不正や原材料の安全性等に起因したコンプライアンス問題から、言われの無い風評被害を受けるケースも想定されるため、注意が必要です。

具体的リスク対策

　少子高齢化等による需要減少の中で大手ＰＢや競合他社との競争に勝つためには、入念なマーケティングを基本に消費者の嗜好を先取りした商品開発が必要不可欠です。また、原材料の高騰や低価格化に対応できるだけの生産性の向上を図る必要があります。具体的には消費者の安心・安全、健康をキーワードにした付加価値の高い商品や低価格指向に対応した商品の開発が挙げられます。また、新たな大人のマーケットやオフィスの置き菓子、経済成長の続く中国やアジア諸国の拡大する菓子市場に目を向けた動き等が挙げられます。近年においては、菓子専門商社・メーカー向けの電子商取引サービス等も注目を浴びています。受注から請求支払までの取引業務のデータを電子化することで、メーカーと商社の双方の業務効率を向上させることが可能であり、データ入力の省力化により人件費を削減できるのが最大のメリットと言われています。また、インターネットによる口コミ効果等で販売拡大を行ったり、消費者ニーズを掴んだり、商品に見合った販促によって需要の掘り起こしを行う必要も高まっており、今後も多くの企業でＩＴを活用した取組みが導入されていくと思われます。子供や老人も含めて人体に大きな影響もたらす商材であるため、消費者の信頼を高めるために製品表示等のコンプライアンスを遵守すると共に、ＩＳＯやＨＡＣＣＰといった認証を取得することも信頼構築と差別化のために有効です。

製菓業における保険活用

　菓子製造の保険活用については、消費者と資産に関する二つの大きなテーマがあります。消費者関連については、第三者（消費者）に対するＰＬ事故に備える生産物賠償責任保険（ＰＬ保険）と異物混入事故に備える生産物品質保険は食品製造業を営む上で必要不可欠な保険と考えられます。近年においては、リコールを伴うケースが増えているため、速やかにリコールの意思決定を下すためにも食品リコールに関する保険も検討しておく必要があると思われます。資産関連においては業務プロセスに不可欠な加熱作業中や粉塵等による引火爆発事故、機械設備・装置など電気系統からの漏電による火災・爆発事故等が考えられることから火災保険の適切な活用が必要不可欠です。火災保険では天災（地震・台風等）時の補償や機械設備・装置や商品への付保の有無も確認する必要がありますが、特に地震保険の引受は注意が必要です。また、機械設備・装置については火災保険でカバーできないリスクについてもメーカー保証を確認した上で、必要であれば機械保険等も活用すべきでしょう。事故が原因で長期休業となる可能性がある場合は、休業損害に対応する保険も必要です。その他のリスクとしては、配送や営業、通勤等に自動車を使用する場合には自動車保険、危険度の高い業務がある場合は、労災事故やそれに伴う使用者賠償責任をカバーするための労災総合保険や使用者賠償保険を検討することも必要です。

2．業種別リスクマネジメント

13 家具製造業

家具製造業の特徴

　家具製造業は主として家庭及び事業所で普通に使われる家具を製造する事業所を言い、学校、集会所などに用いる家具、戸棚、ロッカーなどを製造する事業所も本分類に含まれます。経済産業省「工業統計表」によると平成26年の家具製造業の製造品出荷額は前年比約6％増の約1兆2,325億円と家具市場は少しずつですが、伸びを見せています。一方で平成26年における1世帯当たりの一般家具の年間支出額の合計は6,414円（前年比6.3％減）となっており、家具製造業の事業所数も3,016社（前年比3.1％減）、従業員数も6万1,964人（前年比0.7％減）となっています。平成26年における事業規模では、従業者9人までの事業所数が全体の約53％を占めており、中小業者が多いことがわかります。一時期は婚礼家具需要の落ち込みや安価な輸入家具との競合激化で、国内家具製造業者の経営環境は悪化しておりましたが、高齢化に伴う高級ベッドや介護ベッド、海外での需要が増加していることが要因で出荷額が伸びています。基本的には労働集約的な産業であるため、大手企業においては機械化を進め、量産体制を整備していますが、多くの中小業者は依然として熟練した作業者に依存しています。今後、国内は少子高齢化により市場縮小が想定されるため、高齢化社会への対応と海外への進出が鍵となりますが、販路確立や消費者ニーズの違い、輸送の困難さ、為替の影響、現地における人材確保などの問題に苦しむ企業も出てくることが想定されます。

リスクマップと財務基準の例

リスク項目

① 過当競争（価格低下）
② 需要減退
③ 消費者ニーズの変化
④ 為替リスク
⑤ 原材料の高騰
⑥ 経営者等の死亡・就業不能
⑦ 労働災害（使用者責任含む）
⑧ 火災・爆発等
⑨ 天災（地震・台風等）
⑩ 自動車事故
⑪ ＰＬ事故・リコール等
⑫ コンプライアンス違反
⑬ 受託物賠償
⑭ 人材不足・育成難（職人）
⑮ 貸倒リスク

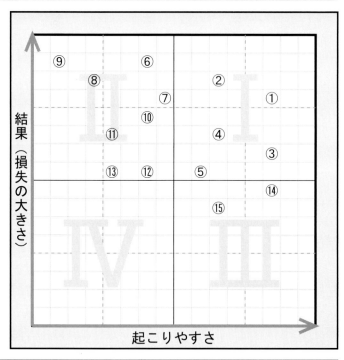

業種名	母集団企業数	収益性		安全性	
家具・装備品製造業	8,524	総資本経常利益率	3.0%	流動比率	160.3%
		売上高経常利益率	2.7%	自己資本比率	34.9%
		人的指標		財務基準	
		売上／1人（百万）	14.262	経常利益（百万）	4.61
		人件費率	27.7%	純資産（百万）	53.04

※中小企業庁　2016年度　中小企業実態基本調査の中分類の数値を参考に作成しています。

家具製造業の特徴的リスク

家具製造業の特徴的リスクとしてまず挙げられるのは、既に業界全体が縮小傾向にある原因ともなっている、安価な輸入家具等による品質・価格両面における①過当競争と消費者の②需要減退や③ニーズの変化等が挙がられます。また、近年においては国内における厳しい経営環境から海外にマーケットを求めたり、海外において材料を調達したり、製造を行う企業も増えており、④為替リスクを含めた⑤原材料の高騰も大きな影響があり、⑮貸倒リスクも高まっています。起こりやすさの低いリスクとしては、業界的に製品や仕掛品、材料等を含め大量の木材や工場・機械設備等の多くの固定資産を所有するケースが多いことから、⑧火災・爆発等や⑨天災（地震・台風等）によって大きな損害を被るケースが想定され、復旧までの間の収入減少も経営に大きな影響を与えます。自社で配送を行っている事業所の場合は⑩自動車事故による第三者賠償責任のみならず、車両や積荷の家具の破損が考えられます。人的な視点においては、まず⑥経営者等の死亡・就業不能が挙げられますが、熟練労働者の⑦労働災害（使用者責任含む）による現場からの離脱や⑭人材不足・育成難が挙げられます。また、品質等に関する⑫コンプライアンス違反や製品によっては⑪ＰＬ事故・リコール等も考えられますし、家具修理等のために預かった家具を破損・汚損した場合には⑬受託物賠償が発生するケースも想定されるため、注意が必要です。

具体的リスク対策

競争激化、需要減退、消費者ニーズの変化といった業界全体が抱える問題に対処するために、どの会社も様々な工夫を行っています。節約志向や環境への配慮から消費者の買い替えニーズが減退する中、補修サービスに力を入れる会社では修理料金の明確化や無料で修理する補償期間を設ける等の工夫をしています。元々家具の流通経路は、問屋中心のチャネルとメーカー中心のチャネルに分けられますが、最近は流通マージンの削減を狙ってメーカーと小売店との直接取引や直販店、住宅販売業者、ネット取引等を通じた販売強化の動きが広がっており、デザインから製造・販売までを自社で行う会社も出て来ています。ネットの活用で販売力や価格競争力を強化するケースでは、職人の紹介や開発の歴史等の紹介によって安心感や性能を伝えたり、家具工業組合等がネットで共同販売等を行う例もあります。家具メーカーの間で直営店を展開する動きも相次いでいますが、消費者との接点から消費者ニーズを分析し、製品開発に活かすことによって差別化を図っています。また、製品面の差別化では、高齢者向けの家具やエコ活動の一環としての環境や家族や社員の健康に配慮したようなオリジナリティのある商品を開発して投入する企業も増えています。近年は国内のマーケット減少・価格競争を背景に、中国や東南アジア、中東などの新興国市場に進出するなど、海外市場の開拓に力を入れるメーカーも増加しています。

家具製造業における保険活用

家具製造業の保険活用としては、まず火災事故や天災（地震・台風）に備えた火災保険等が挙げられます。材料・製品ともに可燃物であり、接着工程での接着剤への引火、塗装工程での塗料や溶剤への引火、機械設備・装置等の過熱・漏電等の発火要因が考えられることから火災保険の付保内容を点検することから始めるのが順当でしょう。また、火災によって長期休業となる可能性がある場合は利益保険、営業継続費用保険等を併せて提案することも重要になります。また多くの事業所が小規模事業所で労働集約型産業であるため、作業員が機械に挟まれたり、巻き込まれたりする事故、接着工程や塗装工程での中毒事故、荷役作業中の荷崩れや吊落しなどによる労災事故が起きやすいため、労災総合保険・業務災害総合保険等の準備も必要不可欠です。事故の原因がコンプライアンス違反となる場合に備え、使用者賠償保険も提案しておきたいところです。材料・製品を自社輸送している企業については、自動車保険を手当てすることは必須であり、同様に従業員の通勤に自家用車を使用しているケースにおいては、通勤時の事故に備えた自動車保険の付保ルールを決めることも必要です。他の製造業と比べて発生件数は少ないですが製品が原因によるＰＬリスクに対しては生産物賠償保険を、修理等のサービスで預かり資産がたくさんある場合には、受託物のリスクに対して受託者賠償保険を提案することも重要となります。

2. 業種別リスクマネジメント

14 印刷業

印刷業の特徴

　印刷物は、出版物、新聞・チラシ・DM 等の郵便物といった「紙」に限らず、プラスチック・建装材・布地・金属・精密電子部品等の多様な素材に及びます。業界の特色としては、中小・零細企業が多く、従業員規模で 300 人未満の中小事業所が全体の 99.8％、20 人未満の小規模事業所で 90％近くに達します。理由としては分業体制（外注）、専門化の進行があり、印刷工程も企画→デザイン→製版→校正→印刷→製本と多岐多様にわたっていることによります。近年の印刷業は経済活動との結びつきが強く、景気変動によって印刷の需要も変動するだけではなく、原油価格の高騰による印刷用紙の値上げなども大きく影響を与えます。経済産業省「工業統計」によると、平成 26 年の事業所数は 9,387 所（前年比 3.9％減）、出荷額は 5 兆 501 億円（前年比 0.2％減）となっています。また、近年の情報媒体は紙からインターネット、携帯電話に広がっており、長期的傾向としても、少子化・活字離れ・情報伝達の手段の多様化等があり、紙離れは今後一段と加速する見通しです。そのような環境下において、大手は高性能な機械等への設備投資によって高品質・効率化・納期短縮を進め、中堅印刷各社は IT（情報技術）分野への進出を急いでいる傾向にありますが、業界全体として競争激化に対応するために、印刷業務に関連するデザイン等の業務を強化し、付加価値を高め、他社と差別化する動きも強まっています。

リスクマップと財務基準の例

リスク項目

①メディアの多様化（NET、携帯）
②デジタル化（電子書籍等）
③設備の老朽化・陳腐化
④景気変動
⑤経営者等の死亡・就業不能
⑥自動車事故
⑦天災（地震・台風等）
⑧火災・爆発等
⑨貸し倒れ・取引停止
⑩労働災害（使用者責任含む）
⑪個人情報等の漏洩
⑫コンプライアンス違反（著作権侵害等）
⑬機械の破損・汚損
⑭印刷紙の高騰
⑮ＰＬ事故（誤印刷）

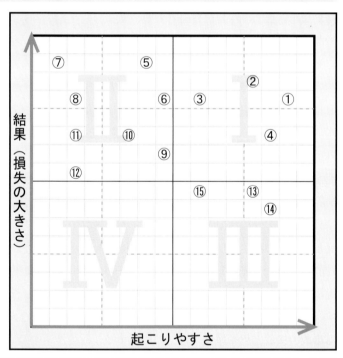

業種名	母集団企業数	収益性		安全性	
印刷・同関連業	17,575	総資本経常利益率	1.6%	流動比率	191.3%
		売上高経常利益率	1.4%	自己資本比率	30.9%
		人的指標		財務基準	
		売上／1人（百万）	16.036	経常利益（百万）	3.34
		人件費率	24.2%	純資産（百万）	63.61

※中小企業庁　2016年度　中小企業実態基本調査の中分類の数値を参考に作成しています。

印刷業の特徴的リスク

　印刷業の特徴的リスクとしては、まずは①メディアの多様化と②デジタル化、④景気動向による受注減少等が考えられます。様々な広告媒体が紙からネットや携帯電話等に移り、活字も電子書籍等のようにデジタル化が進むことが想定されますし、景気動向にも大きな影響を受けます。また、高額な機械等を所有する場合には⑦天災（地震・台風等）や⑧火災・爆発等及び⑬破損・汚損による財産損失のみならず、時代の変化と共に③設備の老朽化・陳腐化が進み、業績が左右される可能性があるので注意が必要です。また、起こりやすさが低く、結果（損失の大きさ）の高いリスクとしては、⑤経営者等の死亡・就業不能や配送等に関わる⑥自動車事故、預かっている⑪個人情報等の漏洩に関わる賠償責任事故、⑩労働災害（使用者責任含む）等が考えられますが、特に安全配慮義務や労働基準法違反等の法令違反がある場合には注意が必要です。また、特定の企業との取引に依存にしている会社の場合は⑨貸し倒れ・取引停止等も大きなリスクとなります。近年においては、他社との差別化要素としてデザイン等の関連業務を強化する会社も増えていますが、その場合には⑫コンプライアンス違反（著作権侵害等）にも注意を払う必要があるでしょう。起こりやすさの高いリスクとしては、⑭印刷紙の高騰や⑮PL事故（誤印刷）等が挙げられますが、いずれもお客様との信頼関係に繋がりますので、日々の業務改善・効率化を進めることが必要でしょう。

具体的リスク対策

　情報媒体が紙からインターネットや携帯電話等にシフトし、紙離れが加速する印刷業界において、大手に比べて経営体力が劣る中小が生き残るには、メディア多様化への対応が急務です。顧客の多様なデジタルコンテンツに関わり、その運用提案に関わることによって収益向上に貢献できる可能性を持つことも必要になって来ると思われます。新たな付加価値を創出し、他社との差別化を図る方法論としては、印刷工程の付加価値を追求し、ネットワークの構築を行うことで提案型のワンストップ受注を考えるモデルと、ビジネス領域を拡大し広告代理店や広告製作会社のような機能を持つことで企画制作の部分を丸々受注したり、配送・発送業務やアンケート等の集計・分析・効果測定機能等を持たせるモデルが考えられます。しかし、厳しい経営環境下において、自社の特性を活かし、いかに差別化を図るかという方向性を見誤ると、不要な設備投資等が発生し、経営を圧迫する可能性があるため、慎重な意思決定が必要でしょう。また、業態変革から生まれる新たなリスクに対応する必要もあるでしょう。個人情報の保護や著作権侵害等もその一つと考えられます。デジタル化が進むにつれて扱う個人情報の量も拡大し、情報の種類も多岐にわたることから、今後はプライバシーマークやISMS等の取得を考える必要があると思います。これらは自社のリスク管理のみならず、営業上の差別化要素としても活きてくるでしょう。

印刷業における保険活用

　印刷業における保険活用としては材料や製品の配送中における、対人・対物事故を補償するための自動車保険は必須となります。また様々な形で預かっている個人情報に対する個人情報漏洩保険は現在の個人情報に対する一般的な捉え方から提案するべき保険商品と考えられます。経営者への依存度が高い企業は経営者補償も必須となります。労働災害については、機械設備・装置での挟まれ事故、電気系統による感電事故、荷役作業中の荷崩れ、吊落とし事故、印刷工程における薬剤、危険物の取り扱い事故等の可能性が高いため、労災総合保険、業務災害総合保険等の提案も必要です。安全配慮義務違反・労働基準法違反などがあった場合にはコンプライアンス違反による使用者責任を問われる可能性もあるため、使用者賠償保険も必要となります。また、印刷インキ、希釈・洗浄用溶剤類、接着剤など引火性危険物に引火して起きる火災、印刷工程中に出る印刷ヤレ（印刷不良紙）または用紙の裁断クズなどに引火して起きる火災などに備える火災保険は不可欠であり、天災（地震・台風等）の場合の補償も検討しておくべきです。また印刷機械はオフセット印刷機、輪転機、裁断機、製本機などがあり、その修理費用に備える機械保険もメーカー保証を考慮した上で用意しましょう。著作権侵害等については今後もその可能性が高まることから売上規模にもよりますが業務過誤賠償責任保険も提案するべきでしょう。

2．業種別リスクマネジメント

15 貨物運送業

貨物運送業の特徴

　国土交通省によると平成 28 年 3 月末で事業者は 62,176 社存在しますが、その 9 割が中小企業となっています。運送業界を取り巻く環境は、高齢化による運転手不足やネット通販による小口配送の増加及び送料の値引き要請による送料低下等の問題に直面しており効率化が求められていますが、典型的な労働集約型事業（平成 26 年度の全国平均の人件費率は 39.9％）であり、荷主に対して弱い立場にあるため運賃に転嫁しづらい特徴があります。平成 28 年 5 月には運転手不足と効率化の打開策として物流 2 社以上での共同配送を優遇する「改正物流総合効率法案」が成立し、競争と協調・提携による新たな動きが期待されています。また、平成 18 年には度重なる運輸事業者の事件・事故や不祥事を背景に、「運輸安全一括法」において、「運輸安全マネジメント」として"安全に関する管理体制"が義務付けられ、常に安全性を向上させるためのＰＤＣＡサイクルを確立することが義務付けられました。「安全性の確保（運輸安全マネジメント体制の確立）」は、貨物運送業者の存続のための絶対条件であり、リスクマネジメントの視点から経営そのものを見直す必要があると考えられます。人手不足や収益性改善のために、女性を視野に入れた人材確保と育成、GPS 機器を活用した燃料や運行管理、ドライブレコーダーを用いた安全管理等の IT の活用や他社や異業種との連携を含めた効率化が求められています。

リスクマップと財務基準の例

リスク項目

① 過当競争
② 燃料費の高騰
③ 荷主からの要求の高度化
④ 経営者等の死亡・就業不能
⑤ 自動車事故
⑥ 天災（地震・台風等）
⑦ 火災・爆発等
⑧ 労働災害（使用者責任含む）
⑨ 主要取引先の倒産・取引停止等
⑩ 受託貨物の破損・汚損
⑪ コンプライアンス違反
⑫ 第三者賠償（搬送中等）
⑬ 雇用トラブル
⑭ 人材不足・育成難（ドライバー等）
⑮ 法改正・規制強化

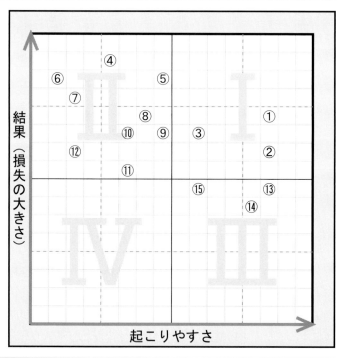

業種名	母集団企業数	収益性		安全性	
道路貨物運送業	30,479	総資本経常利益率	5.0%	流動比率	162.9%
		売上高経常利益率	3.6%	自己資本比率	32.8%
		人的指標		財務基準	
		売上／1人（百万）	13.239	経常利益（百万）	16.43
		人件費率	29.4%	純資産（百万）	106.90

※中小企業庁　2016年度　中小企業実態基本調査の中分類の数値を参考に作成しています。

貨物運送業の特徴的リスク

　これからの運輸事業の存続発展に求められるキーワードは、運輸安全マネジメントに象徴される「安全」と、他業種においても共通するテーマである「環境」の２点であると言えます。この２つのポイントにおける③荷主からの要求の高度化は避けて通ることができず、これらを経営上の戦略と位置付け、同業他社との差別化を図ることができなければ、①過当競争に巻き込まれる可能性が高まります。また、過当競争下においては、荷主優位の需給環境から②燃料費の高騰等が価格に転嫁できないことが多く、特定の取引先に依存している場合は⑨主要取引先の倒産・取引停止等も大きなリスクとなるでしょう。また、人的な視点では④経営者等の死亡・就業不能や⑧労働災害（使用者責任含む）のみならず、経営陣や従業員の高齢化及び若年就労者数の減少が⑭人材不足・育成難（ドライバー等）に繋がり、⑬雇用トラブルに発展することも増えています。そして、それらに起因する業務品質低下は業務中の⑤自動車事故や⑩受託貨物の破損・汚損、⑫第三者賠償（搬送中等）の可能性を高める要因ともなります。基本的に車両や倉庫等固定資産を多く所有する業態でもあるため、⑥天災（地震・台風等）や⑦火災・爆発等のリスクについても考慮すべきでしょう。今後も運輸業に関わる⑮法改正・規制強化に柔軟に対応していかなければ、⑪コンプライアンス違反の発覚等によって致命的な損失を被る可能性があるため注意が必要です。

具体的リスク対策

　「安全性優良事業所認定（Ｇマーク）」や「グリーン経営認証」などの認定・認証等の取得は貨物自動車運送事業界のスタンダードな基準であり、他社との差別化の証としても非常に有効です。「認証取得ありき」となり、その中身が伴わない（書類や体裁を無理やり整える）取組み方ではなく、運輸安全マネジメント（国土交通省：平成18年10月）が要求するＰＤＣＡサイクルを実践し、「改善の実態が伴った取組み」のなかで認定・認証を取得していくことが求められるでしょう。このような取組みは、法令等遵守体制（コンプライアンス）の強化や、荷主からの要求への対応力向上にもなり、同業他社との差別化に繋がっていくと考えられます。運輸安全マネジメントでは「輸送の安全確保と輸送の安全性の向上」が明確化されており、安全、事故、災害、教育、研修、改善、監査という事業者の抱える多くのリスクに包括的に対応する指針と言えますので、上手に活用したいものです。

　多くの中小零細の運輸事業者においては、厳しい経済環境下で疲弊しているという実態がありますが、法や規制の要求の他、業界や市場の環境変化に適応していくことが重要となります。近年では、健康チェックツールやドライブレコーダー等の事故防止のための様々なツールが充実しています。コストが発生しますが、将来の事業環境の変化に対応するための「投資」という認識で積極的に活用することが求められます。

貨物運送業における保険活用

　自動車事故や労災事故など運輸業において想定されるリスクの多くは、損害保険で補償されますが、運輸業に求められるのは「輸送の安全確保と輸送の安全性の向上」となります。「保険に入っているから事故を起こしても大丈夫…」といった意識が社内に蔓延することは回避しなければなりません。特に自動車保険等については、事故実績（損害率）が大きく保険料に影響を与えるため、保険商品や保険会社の選択よりも事故の削減（頻度の低下及び損害額の軽減）が優先課題と言えます。最高割引率と最高割増の保険料差は、数倍にもなる可能性があります。事故発生の予防策は、保険料の低下要因となり、結果的に利益要因となるため経営体質を強化することに繋がります。また、損害率の高い事業者の場合は、保険会社の引受姿勢が消極化する方向となりますので、補償内容の吟味（損害率に影響を及ぼす搭乗者傷害保険等は自動車保険から除外する等）や免責金額（自己負担）の設定等を行うと共に、複数年度で保有能力の拡充や事故防止等の取組みを行うことが重要です。また「貨物の損害を補償する保険」や、「納品作業中の第三者賠償を補償する保険」に関しては、保険会社ごとに特徴のある保険商品が販売されており、それらの単純な比較は困難となります。荷物種類や物流経路、事故発生時の対応と処理、荷物（貨物）の所有権や受託責任等をしっかり把握した上、想定されるリスクや補償の及ぶ範囲を確認して手配することが必要です。

2. 業種別リスクマネジメント

16 タクシー業

タクシー業の特徴

　国土交通省によると、平成29年3月末の個人タクシーは35,150台（1人1車制）と減少傾向ですが、法人事業者は16,221社と増加傾向にあります。また、平成28年度の輸送人員は前年度比1.0％減の約14億5,200万人、車両数は同0.9％減の23万4,486両、営業収入（平成28年3月末）は前年度比1.4％減の1兆6,987億円となっています。利用者数についても、昭和40年代半ばの半分以下に落ち込み、業界では供給過剰が慢性化しており、帝国データバンクの経営実態調査でもタクシー事業者の経営は特に中小企業において悪化し、業界再編が加速する可能性があるとしています。厳しい経営環境化において利便性向上のためにスマートフォン配車サービスや「育児支援タクシー」「福祉タクシー」「英語による観光タクシー」や24時間・365日対応の「陣痛タクシー」等の新しいサービスを競い、競争は激化しています。人材確保も大きな課題ですが、国土交通省によると、平成29年のタクシー運転者の年間所得は男性333万円、女性292万円であり、供給過剰と需要減退の中で所得を確保するために、長時間勤務やスピード違反、割り込み運転等も増えており、賃金体系等の抜本的な見直しを迫られています。国土交通省は平成21年10月からタクシーやトラック事業者が運転手を採用する際に事故歴を把握するよう義務付け、今後はタクシー事業者に対する格付けを行うなどの対応を進めています。また、ウーバー等の新しい業態への対応も今後の大きな課題と考えられます。

リスクマップと財務基準の例

リスク項目

①過当競争（新しい業態）
②需要の減少
③燃料の高騰
④営業チャネルの変化
⑤格付け下落
⑥経営者等の死亡・就業不能
⑦自動車事故
⑧天災（地震・台風等）
⑨火災・爆発等
⑩労働災害（使用者責任含む）
⑪コンプライアンス違反
⑫営業停止・許可取消し
⑬雇用トラブル
⑭人材不足・育成難（ドライバー等）
⑮乗客とのトラブル

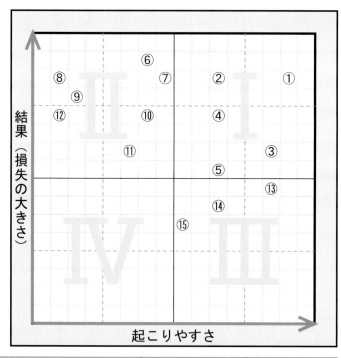

業種名	母集団企業数	収益性		安全性	
道路旅客運送業	7,549	総資本経常利益率	2.9%	流動比率	141.9%
		売上高経常利益率	2.7%	自己資本比率	41.1%
		人的指標		財務基準	
		売上／1人（百万）	6.049	経常利益（百万）	8.95
		人件費率	56.7%	純資産（百万）	124.88

※中小企業庁　2016年度　中小企業実態基本調査の中分類の数値を参考に作成しています。

タクシー業の特徴的リスク

　タクシー業界の特徴的リスクとしては、まず過剰供給や新しい業態による①過当競争及び景気変動等による②需要の減少といった業界自体が抱える問題と、近年不安定さを増している③燃料の高騰によるリスクが考えられます。また、ITの活用やウーバー等の新しいビジネスモデルの出現による④営業チャネルの変化や評価制度における⑤格付け下落等も売上に大きな影響を与えます。人的な視点では、まず⑥経営者等の死亡・就業不能が挙げられますが、低所得を余儀なくされる中で、会社と従業員との間の⑬雇用トラブルやドライバーの高齢化による⑭人材不足・育成難も大きな課題であり、乗務員のサービス品質の向上や差別化が求められています。また、そういった労働環境が⑦自動車事故の増加に繋がっている可能性もありますし、自動車事故は⑩労働災害（使用者責任含む）にも繋がり、事故原因が労働基準法違反や飲酒・過労運転等の⑪コンプライアンス違反である場合は、巨額の賠償責任のみならず⑫営業停止や許可取消に繋がる可能性もあるため注意が必要です。結果（損失の大きさ）の大きなリスクとしては、⑧天災（地震・台風等）や⑨火災・爆発等によって多数の車両が同時に損害を受けるケースが考えられます。また、⑮乗客とのトラブルは個別には大きな影響はありませんが、繰り返し発生する場合は風評リスクも含めて売上に大きな影響をもたらす可能性がありますので、普段からの適切な指導が求められます。

具体的リスク対策

　過当競争・需要減退に対応するためにはサービス品質の向上と差別化要素の構築及び労働生産性の向上が必要不可欠です。具体的には乗務員の接客態度向上のための教育・研修、覆面調査や消費者モニターによるチェック、福利厚生等の充実による定着率の向上等が課題となります。さらには、電気自動車やハイブリッド車両の導入で環境への配慮と燃費向上による利益率アップを図り、福祉タクシーの導入等で新しい需要へ対応することも大切です。また、ネット予約サービスや病院への送迎等の生活支援、観光サービス等を付帯した差別化や、低料金や定額制、前払いカードの発行等による料金の差別化も重要でしょう。一方で、安全・快適にお客様を目的地に届けるという最も根本的なサービスを確実に提供することも重要です。デジタコやドライブレコーダー等のシステムを活用した管理面の改善と共に、エコドライブへの取組み、労働基準法や交通法規の遵守などの基本行動の徹底が必要です。また、目に見える品質指標である法人タクシー事業者の格付け制度の活用も有用です。既に個人タクシーや東京都等一部の地域では格付けが行われていますが、東京都の格付けの指標は「接客サービス」「安全」「法令遵守」の3項目であり、格付けは事業者単位で行われています。優良格付けへの取組みは、リスク対策のみならず、サービス品質の向上や格付け上昇による差別化にも寄与するため、積極的な取組みが期待されます。

タクシー業における保険活用

　タクシー業においては自動車運行に関わるリスクへの備えが重要であり、損失をカバーするためには自動車保険の活用が有効ですが、営業ナンバーのため保険料も高くタクシー事業者の自動車保険加入率は非常に低いという傾向があります。一度は加入したものの「事故多発⇒保険料上昇⇒保険加入断念」という悪循環に陥ってしまい、タクシー共済への切替や無保険（自賠責のみ）になってしまっている事業者も多いようです。しかし、自動車保険では当たり前の「示談交渉サービス」や「保険金の直接払い」ができない共済が多いことから、自動車保険を活用することのメリットを重要視し、事故削減のための取組みを全社的に行い、自動車保険の割引率確保を至上命題として掲げるタクシー事業者も多数存在しています。「事故減少⇒保険料低下＋職場全体のモラル向上⇒企業イメージの向上＋業績の向上＋事故対応業務の軽減＋事故予防対策への対応余力発生⇒事故減少と保険料低下…利益率の向上」という好循環を生み出すことが、保険の有効活用と言えるでしょう。自動車事故に対する保険手配としては対人・対物賠償補償を重視し、少額のリスクは免責設定も含めて積極的に保有し、搭乗者傷害保険等については、社内の不平等をもたらす可能性や保険金を受け取ることで保険料が高騰する可能性も含めて削除し、代わりに業務災害総合保険や労災総合保険／使用者賠償保険等の活用することが有用と考えられます。

2．業種別リスクマネジメント

17　不動産賃貸業

不動産賃貸業の特徴

　不動産業は業務内容によって大きく a) 開発分譲、b) 賃貸、c) 流通、d) 管理の4つの分野に分けられますが、今回はビルやマンションオーナー等の不動産賃貸業について考えてみたいと思います。基本的に不動産業界は企業間格差が著しい業界であり、一部の大手・中堅会社を除くと、大部分は零細・家族個人経営です。法人化が進んではいるものの、その大半は個人事業同然の経営を行っています。首都圏を中心とした大都市に集中し、新規参入が多い一方で毎年10％程度の事業者が廃業しており、入れ替わりの激しい業界でもあります。財務的には借入による資金調達を行う場合が多いため自己資本比率は低い傾向にあり、収入には賃料以外に敷金・保証金の運用益、礼金・権利金等があります。また、土地は国民生活と密接な関係があるため、乱開発・投機対象化等を排除する意味からも、法律上の制約も多い業界です。近年の動向としては、住宅市場では平成27年1月から施行された改正相続税法による節税対策や賃料収入を狙った賃貸住宅の建設が増加していますが、供給過多の傾向もあり、空き室リスクがあります。オフィスビルについては、景気動向による事業所や店舗の需給に左右されますが、平成24年以降については、全国のオフィス空室率は継続的に低下傾向であり、東京都心では需給均衡の目安である5％を下回り、4％程度となっており、地方都市においても同様に低下傾向がみられます。

リスクマップと財務基準の例

リスク項目

①賃料の低下
②需要の減少
③施設の老朽化・陳腐化
④地価の下落
⑤法律改定等
⑥経営者等の死亡・就業不能
⑦周辺環境の変化
⑧火災・爆発等
⑨天災（地震・台風等）
⑩施設事故（賠償責任等）
⑪資金調達力の減退
⑫地域の地盤沈下
⑬株主代表訴訟
⑭消費者ニーズの多様化
⑮入居者（入居者間）トラブル

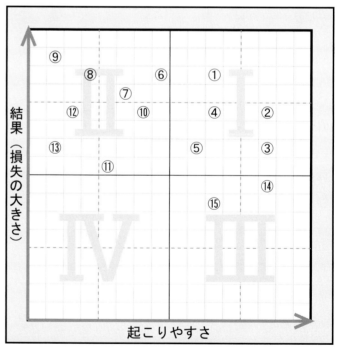

業種名	母集団企業数	収益性		安全性	
不動産賃貸業・管理業	100,188	総資本経常利益率	2.5%	流動比率	128.7%
		売上高経常利益率	12.9%	自己資本比率	35.4%
		人的指標		財務基準	
		売上／1人（百万）	17.596	経常利益（百万）	9.80
		人件費率	17.4%	純資産（百万）	136.40

※中小企業庁　2016年度　中小企業実態基本調査の中分類の数値を参考に作成しています。

不動産賃貸業の特徴的リスク

不動産賃貸業の特徴的リスクとしては、まず①賃料の低下が考えられます。賃料低下の原因としては、②需要の減少による賃料の値下げ、③施設の老朽化・陳腐化による近隣施設との競争力の低下、⑦周辺環境の変化や④地価の下落に伴う平均賃料水準の低下等が考えられますが、それ以外の要素として⑫地域の地盤沈下等も考えられます。基本的に金融機関への依存度が高い業態であるため、⑪資金調達力の減退や⑥経営者等の死亡・就業不能は重大なリスクとなります。また、近年において耐震偽装による建築基準法の改正や更新料についての無効判断等があったように、⑤法律改定等も経営に大きな影響を与えます。起こりやすさが低く結果（損失の大きさ）の高いリスクとしては、大きな財物損失をもたらす⑧火災・爆発等や⑨天災（地震・台風等）、施設の欠陥による水漏れや自殺や犯罪等の⑩施設事故（賠償責任等）も風評被害に繋がり、家賃収入を大きく失うことに繋がります。同族経営等が多いため、相続の絡みなどで⑬株主代表訴訟等が起きるケースもあるので、注意が必要です。起こりやすさの高いリスクとしては、近年のＩＴやセキュリティーへの対応等の⑭消費者ニーズの多様化があり、対応ができなければ競争力を失うことが想定されます。また、家賃の未納や喧嘩・騒音・反社会的な活動等による⑮入居者（入居者間）とのトラブルは風評被害も含め、物件価値の下落や賃料低下等の大きな損失に繋がるため注意が必要です。

具体的リスク対策

景気減退や地価下落、地域の地盤沈下、消費者ニーズの変化等の「外的要因」に伴う賃料の低下リスクに対応し、競争力を維持するためには、差別化要素の構築やニーズへの対応が重要です。可能な限り施設の老朽化を抑制し、修繕や建替え費用の積み立てを行い、健全な財務基盤を前提とした資金調達力を持つことが重要です。特に立地条件が悪い場合には新しいニーズに対応したＩＴ対応オフィスビルや起業家支援用のスモールオフィス、耐震強化マンション、シルバー向けマンション等の差別化要素を明確に出すことが必要です。入居率の上昇や継続率の向上は、安定的な賃料収入を確保するためにも重要と言えます。起こりやすさの低い火災や地震、施設賠償責任等は保険での対応が中心となりますが、ハード／ソフト両面の安全性や快適性の高さも差別化要素と考えられ、防火壁や火災報知機、耐震構造化や緊急地震速報の設置、給排水システム、空調システム等への投資も重要です。また、施設内での事件・事故による風評被害についてはセキュリティー（機械警備・防犯カメラ等）対策を検討すべきでしょう。入居者や入居者間のトラブルについては、家賃の支払い能力や社会的信頼性等の確認を通して、リスク要因となる入居者を入れないことが重要です。入居時の賃貸契約内容についても弁護士に予め相談の上、更新時や賃料改定、または災害時や事故時の運用についても事前に確認しておくことが大切です。

不動産賃貸業における保険活用

不動産賃貸業で最も重要な経営資源は不動産（建物等）であり、その建物等が滅失・破損・汚損するということは、直接的な影響として売上（賃料収入）消滅・減少に繋がります。このような事態を招く可能性のあるリスクの多くは火災・地震（他に水害等の自然災害）など、リスクマップの「Ⅱ」に位置することが多く、火災保険や地震保険などは保険手配が可能なリスクと言えますが、昨今の大規模自然災害等により保険会社の引受姿勢に変化が見られるため、地震リスクや水害リスクの引受けを予め確認する必要があります。また、大規模災害による賃貸借契約の自動（自然）消滅事項がある場合は、建物等の資産保全だけでなく、事故や災害による以後の収入減少という事態にも留意したいところです。保険の活用については、（１）建物への火災保険等を手配する際の保険価格設定（再調達価格／時価）、（２）補償範囲や保険期間、（３）復旧までの期間の必要資金の準備（休業損害に対応する保険）、（４）施設内事故に備えた施設賠償責任保険等を検討すべきでしょう。減価償却相当分（支出の伴わない費用）は、修繕や老朽化対策等の将来的な建物への資本的支出の財源とも言えますが、その財源の一部を準備するために、経営者やオーナーが加入する貯蓄性の高い生命保険の活用も検討に値します。借入による資金調達をしているケースが多いため、経営者の死亡等に備えた生命保険等の準備も不可欠でしょう。

2. 業種別リスクマネジメント

18 ビルメンテナンス業

ビルメンテナンス業の特徴

　ビルメンテナンス業はビルオーナーからビルの清掃、設備管理、警備などを総合的に請け負う業種であり、a) 環境衛生管理業務（清掃・衛生管理）、b) 設備管理業務（運転保守）、c) 建物・設備保全業務（点検設備）、d) 保安業務、e) 警備防災業務等に分けられます。業態としては1）独立専業型（ビルメンテナンスの専業であり、不特定多数の顧客からサービスを受託し、業務内容を特化する企業が多い）、2）大手企業の系列型（電鉄・ゼネコン・不動産等の大手企業がビル管理部門を分社化して事業を行うケース）、3）特殊団体の系列型（官公庁の外部団体の関連会社として当該団体を主要顧客として事業を行うもの）の3種類に分けられます。東京と近畿圏の売上が全体の50%を占める都市型産業であり、1事業所当たりの従業員数は平成26年で48.3人ですが、総費用における85%超を人件費関連が占める労働集約型産業であり、パート／アルバイト等の非正規社員が過半数を占めます。全国ビルメンテナンス協会によると、平成26年の売上高は2.7%増の3兆7,156億円で3年連続のプラスであり、国内景気の回復によりビルやマンションの建設が続き、ビルメンテナンスの需要は堅調に推移する見込みですが、一方で業務を支える作業員の確保が困難となっており、価格も下落傾向にあることから清掃や設備、管理の主力業務に加えてリニューアルやファシリティーマネジメント等の総合的なサービスが求められています。

リスクマップと財務基準の例

リスク項目

①価格競争
②オフィス需要の減少
③ニーズの多様化・高度化
④業務の複雑化・高度化
⑤経営者等の死亡・就業不能
⑥労働災害（使用者責任含む）
⑦天災（地震・台風等）
⑧火災・爆発等
⑨自動車事故
⑩PL事故
⑪施設事故（賠償責任）
⑫取引先の倒産
⑬コンプライアンス違反
⑭人材不足・育成難
⑮対象物の破損・汚損・盗難

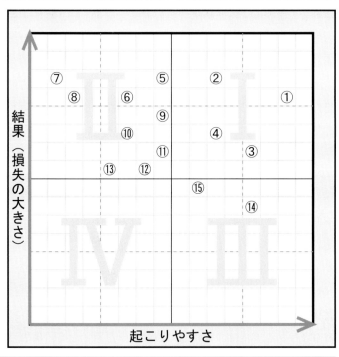

業種名	母集団企業数	収益性		安全性	
その他の事業サービス業	29,141	総資本経常利益率	5.0%	流動比率	182.5%
		売上高経常利益率	3.5%	自己資本比率	46.3%
		人的指標		財務基準	
		売上／1人（百万）	5.287	経常利益（百万）	9.94
		人件費率	41.9%	純資産（百万）	92.98

※中小企業庁　2016年度　中小企業実態基本調査の中分類の数値を参考に作成しています。

ビルメンテナンス業の特徴的リスク

まず、業界環境の視点からは、市場（マーケット）の成熟化に伴う①価格競争の激化が挙げられます。また、長期的な視点では、少子高齢化やテレワーク、在宅勤務の進展による②オフィス需要の減少や病院・官公庁・福祉施設や学校等の閉鎖や縮小が考えられます。また、ビルの高層化・高機能化等による③ニーズの多様化・高度化及びそれに伴う④業務の複雑化・高度化によるコスト上昇が考えられるでしょう。結果（損失の大きさ）の大きなリスクとしては、まず⑤経営者等の死亡・就業不能が考えられますが、労働集約型産業であり、危険な業務が伴うこともあるため、⑥労働災害（使用者責任含む）のリスクも重要です。また、⑦天災（地震・台風等）や⑧火災・爆発等による自社及び顧客の財産損失が考えられ、特に大規模災害時には収入減少を伴い大きな影響を受けると推測されます。業務に起因するリスクとしては、移動中の⑨自動車事故や⑩PL事故、⑪施設事故（賠償責任）や⑮対象物の破損・汚損・盗難等が考えられます。特定の顧客に依存している企業の場合は、⑫取引先の倒産や⑬コンプライアンス違反による取引停止等も大きな売上減少に繋がるでしょう。突発的な影響は小さいですが、起こりやすさが高いリスクとしては、労働集約型産業で人件費率が高く、就業環境が厳しいことから⑭人材不足・育成難や従業員のモチベーション低下や雇用トラブルによる労働生産性の低下への対応も避けることができません。

具体的リスク対策

市場の成熟化による価格競争とニーズの多様化・高度化が進展するビルメンテナンス業界で生き残るには、収益率を高め、差別化のためのサービス品質の向上が必要不可欠です。値下げ圧力が高まる清掃や警備ではなく、高付加価値サービスの導入で収益改善を図ることが重要です。具体的にはビル業務の効率を進める「ファシリティーマネジメント」や投資物件の資産価値を高める「プロパティーマネジメント」、ビルオーナーの代わりにビル事業を総合的に管理・運営する「ビルマネジメント業」等の周辺業務に参入し、収益源の多様化を図る必要があります。また、ニーズの多様化に対応し、近年の「インテリジェントビル」や病院や学校等に特有の資格を持った人材を配置することも重要です。また、人材の確保と育成及び人材の有効活用による労働生産性の向上も大きなテーマです。効率化のために業務改善を行い、簡素化・標準化を進めることで人による差異を埋め、サービス品質の均一化を進めることが重要です。一方で、新たな付加価値を提供し、複雑化・高度化する業務に対応するために人材の高度化が必要不可欠になってきます。人件費が企業収益に大きな影響を与えるため、従業員の多能工化、少数精鋭化を進め、トータルな人件費を抑制することで収益性を高めることが重要です。人材の活性化は労災事故の減少や生産性の向上にも繋がるため、戦略的な人事制度が大きな鍵となるでしょう。

ビルメンテナンス業における保険活用

ビルメンテナンス業における保険活用については、まず業務の結果に対するPL事故には生産物賠償保険（間接損害担保特約等も要検討）、業務中の第三者賠償事故には請負者賠償保険が必須と言えます。さらに作業中に想定される作業対象物の破損・汚損・盗難に対応するためには受託者特約及び管理財物特約等で備えておく必要があるでしょう。作業現場の移動に自動車を使用する場合は自動車保険への加入が必須ですが、通勤等も含めて従業員の自家用車を用いる場合には運行供用者責任が問われる可能性がるため、一定要件以上の自動車保険への加入を義務付け、管理を徹底する必要があります。起こりやすさは低いものの天災（地震・台風等）や火災による自社の建物や設備・什器の財産損失に対しては、火災保険、拡張担保での地震保険が必須ですが、お客様の被災による貸し倒れ等の発生にも注意が必要です。最近はビルメンテナンス業界においてもコンピューターシステムによるセキュリティーを行っている会社が一般化しているため、機械保険等も提案の1つに用意しておくべきと考えられます。労働集約型の業界であることから、労災事故に対する備えも必要であり、福利厚生規定に基づいて労災総合保険や業務災害総合保険等の提案を行うと共に、安全配慮義務違反や労働基準法等の法令違反が想定される場合には、民事上の使用者賠償責任を問われる可能性があるため、使用者賠償保険の提案も必要不可欠です。

2. 業種別リスクマネジメント

19 飲食店

飲食店の特徴

「飲食店」と言っても広範なため、ここでは弁当屋・宅配等を除いた外食産業を対象にして考えていきたいと思います。業界動向としては、個人消費の冷え込み（外食の回数の減少／節約志向の高まり）や多種多様な新業態（外食事業者）の出現により、チェーン店化やファーストフード化が進んでおり、業態間との競合により競争は激化しています。日本フードサービス協会による平成29年の市場規模は訪日外国人の増加や法人交際費の増加により前年比0.8％増の25兆6,561億円と堅調に推移していますが、内訳では飲食店が1.8％、料理品小売業が2.1％伸び、料飲主体部門（喫茶店・居酒屋等）は0.1％の微増、居酒屋・ビアホールにおいては△1.4％と減少傾向となっています。飲食店では、そば・うどん店と食堂・レストランが2.7％、1.6％の増加、すし店が0.1％、減少傾向が続いたファーストフードを含むその他の飲食店は3.9％の伸びとなっています。今後の少子高齢化の到来による人口減少や人件費や食材費の高騰が進む中で勝ち残っていくためには、「価格」、「味」、「雰囲気」、「サービス」といった差別化要素を持つことはもちろんですが、健康への意識の高まり及び評判や目新しさによるブランド志向等が強まる中でインターネット等（facebook等のSNS含め）の活用により、評価を意識した効率的なマーケティングを行い、アプリやクーポン等の利用によって集客力（新規・既存）を付けていくことも大切です。

リスクマップと財務基準の例

リスク項目

①顧客単価の下落
②過当競争（競合の出店）
③営業チャネルの変化
④戦略の失敗
⑤材料・原価の高騰
⑥経営者等の死亡・就業不能
⑦食中毒の発生
⑧立地条件の変化
⑨火災・爆発等
⑩天災（地震・台風等）
⑪労働災害（使用者責任含む）
⑫シェフ等の引き抜き
⑬施設事故（賠償責任等）
⑭雇用トラブル
⑮顧客とのトラブル

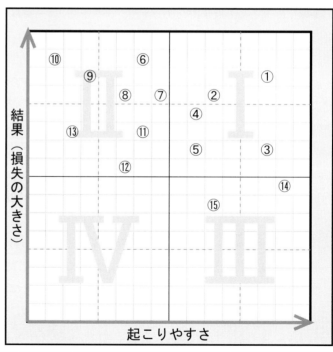

業種名	母集団企業数	収益性		安全性	
飲食店	74,376	総資本経常利益率	2.2%	流動比率	82.5%
		売上高経常利益率	1.7%	自己資本比率	12.3%
		人的指標		財務基準	
		売上／1人（百万）	5.292	経常利益（百万）	1.26
		人件費率	31.7%	純資産（百万）	6.92

※中小企業庁 2016年度 中小企業実態基本調査の中分類の数値を参考に作成しています。

飲食店の特徴的リスク

外食産業の特徴として、a) 労働集約型産業（特に調理師の腕、接客サービスが店の売上を左右する）、b) 生産と販売の直結（料理はその場で生産され、消費されるので、新鮮な材料で独自の味の提供が必要）、c) 多品種少量販売（仕入れ面での合理化が困難）、d) 小規模経営（経営者の個人的要素や力量への依存）等が挙げられます。既に、節約志向による①顧客単価の下落やインターネット等の普及による③営業チャネルの変化が始まっており、競合他社の出店や顧客の減少等により②過当競争に陥る中で、価格設定やメニュー、出店場所等の④戦略の失敗リスクが想定されます。近年においては⑤材料・原価の高騰の影響を受けることが多く、飲食業を営む上で避けられないリスクとして⑦食中毒の発生や⑨火災・爆発等や⑩天災（地震・台風等）による長期休業が挙げられます。経営者やシェフ（料理統括者等）の力量に依存している場合は、⑥経営者の死亡・就業不能や報酬や労働条件などの⑭雇用トラブル等に起因した⑫シェフ等の引き抜きに大きな影響を受けることになりますし、近隣の集客施設やショッピングセンターの閉鎖等によって⑧立地条件が変化することも売上に大きな影響を与えます。その他、⑬施設事故（賠償責任等）や⑪労働災害（使用者責任含む）、⑮顧客とのトラブルは飲食店にはつきものですが、起こりやすさが高まると重大事故や風評被害に繋がるので注意が必要です。

具体的リスク対策

節約志向の高まりで業界全体が落ち込む中で、低価格化戦略等の差別化やインターネット等を活用したマーケティング戦略を通して、いかにお客様を呼び込むかが大きなテーマです。飽和した市場で、過当競争に勝ち残るためには、画一的だった価格やメニュー・サービスを刷新し、ターゲット層を戦略的に考え、差別化を図っていく必要があります。例えば、内装・雰囲気・運営等を女性顧客層に合わせた「快適な食事空間づくり」等の店舗展開や、食の安心・安全や健康志向、喫煙・非喫煙、低価格や価格均一等の大きな差別化が必要です。立地条件等も非常に重要であり、駅周辺やオフィス街では夜の飲食以外に昼食の提供がポイントとなります。大手チェーンは差別化・新業態の開発・サービスの拡充で新しい顧客を掴み、中小零細店は地域密着やニッチ市場への展開で生き残りを図ることが基本となるでしょう。一般的に原価が安く付加価値が高い産業ですが、原材料の高騰やさらなる低価格化競争に備えて効率化を進め、一方では過当競争に巻き込まれないような差別化要素を構築していく必要があります。基本的に労働集約型の産業であるため、人のモチベーション次第で生産効率や店舗の雰囲気にも影響を与えるため、シェフや従業員の教育や処遇等にも力を入れる必要があります。従業員の不平不満等を放置することはサービス品質の劣化や労災、顧客とのトラブル等に繋がり、店のイメージダウンの原因になると考えられます。

飲食店における保険活用

飲食店において保険で担保できるリスクは、大きく次のように分けることができます。
㋑賠償リスク（生産物責任・施設管理者責任・借家人賠償責任・使用者責任による経済的損失 etc.）㋺財物リスク（火災や地震や台風等による建物や設備、食材等の減失・損傷、現金等の盗難による経済的損失）㋩収入減少リスク（火災や食中毒 etc. に起因する休業による経済的損失）㋥従業員関連リスク（政府労災の上乗せなど福利厚生に要する突発的な経済的損失 etc.）。これらを担保する保険は一般的に普及していますが、「保険の活用」という観点で述べれば、㋑㋺㋩に関しては敢えて（自社体力に見合った）免責金額設定を付すなどして「余程のことでないと保険は使えない」方が良いサイクルを生むとも考えられます。「保険があるから」という理由でサービスの質が低下するようでは、まさに本末転倒だからです。逆に保険金額については、製品の流通量や人体に与える影響を考慮に入れた上で、最悪を想定して決定する必要があります。最近では上記のようなリスクを個別・包括的に契約する方法が一般化してきているので検討が必要です。㋥については、福利厚生の本来の意義である「従業員の会社への帰属意識やモチベーション向上」に繋がることが重要であると考えると、接客サービス業の勤務時間や労働条件に鑑み、電話健康相談（メンタルヘルスを含む）などのサービスが付帯された保険の活用も有効と言えます。

2．業種別リスクマネジメント

20 コンビニエンスストア

コンビニエンスストアの特徴

　コンビニエンスストアは多くの店舗が約250平方メートル未満の小規模な店舗で、24時間年中無休で営業し、食料品（弁当・総菜類）、日用雑貨をはじめ、生鮮野菜や健康食品、化粧品等多数の品種品目を販売しています。物販以外にもチケットの販売、ＡＴＭ機設置、料金収納代行サービス、住民票写しや印鑑証明書の発行サービス、インターネットで注文した商品の店頭受け渡しサービス、最近においては電気自動車（EV）の充電器設備等を設置することで集客を図る店舗も存在します。平成29年の経済産業省「商業動態統計年報」によれば、コンビニエンスストアの販売額は前年比5.5％増の約11兆7,451億円の規模となっており、内訳としては商品販売が2.3％増の約11兆991億円、サービスが4.0％増の約6,461億円となっています。しかし1970年代から順調に店舗数を伸ばし国内に5万6,374店舗（平成29年）を超えるまで成長を遂げてきたコンビニ業界も既に飽和状態となり、各店舗に目を移すと、一つの地域に各社の店舗が乱立し、生存競争が激しくなっています。新規にオープンする店舗がある一方で、廃業して空き店舗となっている場合もあり、スクラップアンドビルドが進んでいます。コンビニ市場の飽和感が高まる中、加盟店にとっては、フランチャイズ本部の商品開発力や集客力等の良し悪しや戦略が業績に直結することになります。

リスクマップと財務基準の例

リスク項目

①強盗
②ＦＣ本部の破綻・戦略ミス
③競合の出店
④経営者等の死亡・就業不能
⑤周辺環境の変化
⑥天災（地震・台風等）
⑦火災・爆発等
⑧労働災害（使用者責任含む）
⑨施設事故（賠償責任等）
⑩雇用トラブル
⑪車両の衝突（駐車場での事故）
⑫内引き
⑬万引き
⑭従業員の質低下・流動化
⑮モンスタークレイマー

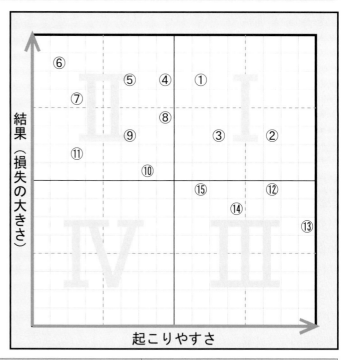

業種名	母集団企業数	収益性		安全性	
飲食料品小売業	48,954	総資本経常利益率	3.4%	流動比率	133.9%
		売上高経常利益率	1.4%	自己資本比率	32.7%
		人的指標		財務基準	
		売上／1人（百万）	13.864	経常利益（百万）	3.66
		人件費率	12.9%	純資産（百万）	34.85

※中小企業庁　2016年度　中小企業実態基本調査の中分類の数値を参考に作成しています。

コンビニエンスストアの特徴的リスク

　地域密着のビジネスであるため、③競合の出店や工場やオフィスの移転や閉鎖などの⑤周辺環境の変化、④経営者等の死亡・就業不能等が売上に大きな影響を与えます。また、多くの店舗はフランチャイズチェーンのため、商品も数量も本部の指導で指定業者から仕入れているため、②ＦＣ本部の破綻・戦略ミス等も経営に大きな影響を与えます。また、従業員や来客数が減少する深夜営業時間の①強盗のリスクも考えられます。警察庁の資料（平成27年の犯罪情勢）では、コンビニエンスストアでの強盗事件は減少傾向ですが、午前2時〜午前5時の強盗が全体の66.5％を占めています。強盗などへの対応の誤りで従業員が⑧労働災害（使用者責任含む）を被った場合には、経営者が責任追及される可能性もあるので注意が必要です。駐車場がある店舗の場合は、⑪車両の衝突（駐車場での事故）等も想定されますし、若者の溜り場となったり、⑮モンスタークレーマーの存在等によって他の顧客の足が遠のく可能性もあります。それ以外にも⑥天災（地震・台風等）や⑦火災・爆発等による店舗損害や休業損失、店内でのケガなどの⑨施設事故（賠償責任等）等が考えられます。近年では電子マネーのチャージやチケット販売、料金収納代行サービス等によって店舗内で扱う現金等が増加しており、⑬万引き被害や⑭従業員の質低下・流動化ももたらす⑩雇用トラブルや⑫内引きも考えられるため注意が必要です。

具体的リスク対策

　深夜営業を伴う性質上、強盗への対応は必要不可欠であり、万一強盗等の被害に遭い適切な対応ができなかったことで従業員が死傷した場合、オーナーは使用者責任を問われ多大な賠償を求められる可能性があります。基本的に従業員の入れ替わりが激しいケースが多く、事故の発生時に経験の浅い従業員のみで対応することも考えられるため、適切かつ迅速に対応することが難しく大きな事故に発展する可能性があります。人命を最優先に尊重した防犯マニュアルを作成し、強盗に入りにくいと思わせる店作りを行い、従業員の教育と訓練を日々実施することが必要です。具体的には、常時複数名の店員配置や単独の時間を避ける工夫や警察との連携、お客様の顔を見ての挨拶等を徹底させる等が考えられます。また、死角の無いように店内や駐車場に監視カメラを設置することが、強盗や万引きや内引き、車両に関するトラブル等を減少させるだけでなく、青少年のたむろや店内でのトラブルの防止等の風紀の改善に繋がります。一般的に人材育成の効果が低いと言われる業界でもありますが、従業員のモチベーションのアップは接客のサービス品質や労働生産性の向上にも繋がりますし、雇用の流動化による人員不足の問題を解決する上では適切な教育体制や安定的な雇用体制の確保が必要となるでしょう。また、これらに加えて高齢者労働力の活用など、高齢化社会対応の店舗運営等も欠かせない課題と言えます。

コンビニエンスストアにおける保険活用

　地域密着の店舗型営業であることを考えると、まず天災（地震・台風等）や火災・爆発等に備えた火災保険や地震保険が必要不可欠です。駐車場や交通量の多い道路に面している店舗の場合は車両の飛び込み等も補償される商品を選択すべきでしょう。また、長期の休業を余儀なくされる事態に備えて、事業を継続する費用や、営業が再開するまでの喪失利益を確保するための保険が有効です。ただし、同じ場所での営業再開を考える場合、顧客離れを防ぐためにも早期の営業再開が必要です。また、深夜営業を伴うため強盗や店内でのトラブル等に対応する従業員の補償も欠かすことはできません。労働災害で従業員が死傷した場合に十分な補償をするために労災総合保険や傷害保険を準備し、安全配慮義務違反で使用者責任を問われた場合に備えた使用者賠償保険も検討する必要があります。また、深夜勤務等の就業環境や従業員の質の低下が予見できる場合には、必要に応じて雇用トラブルに備えた雇用慣行賠償責任保険なども検討する必要があるでしょう。それ以外にも、店内で起きたお客様のケガ（有過失）等の賠償に備えての施設賠償保険等も必須ですし、多額の借入金がある場合や経営者に運営を依存している場合には、経営者の死亡や就業不能リスクに備える生命保険や所得補償保険も検討すべきでしょう。ただし、フランチャイズ契約によって補償されるリスクも考えられるので、重複しないように契約内容の確認も必要です。

2. 業種別リスクマネジメント

21 薬局・調剤薬局

薬局・調剤薬局の特徴

　薬局とは、必ず調剤室を有して薬剤師が常駐し、販売又は授与の目的で医師等の処方箋に基づいた医薬品の調剤の業務を行うだけではなく、一般用医薬品（大衆薬）の販売も行うことができます。一方ドラッグストアとは大衆薬を中心に健康・美容に関する商品や日用品、生鮮食品以外の食品（飲料・日配食品等）をセルフサービスで短時間に買えるようにした小売業態です。近年は医薬分業の進展に伴いドラッグストア等の調剤市場への参入が加速し、薬局として営業するものが増加しています。逆に、調剤をメインに行ういわゆる調剤薬局や門前薬局も収益性や顧客へのサービス面から一般用医薬品等を販売する形態が増えています。今回は、調剤を中心としながらも一般用医薬品の販売も行っている薬局を前提に考えていきますが、大衆薬の販売環境は改正薬事法が平成21年6月に施行されてから激変しています。「対面販売」が原則となり、副作用リスクの高い薬は規制が強化された反面、リスクの低い薬は薬剤師でなくても登録販売者がいれば販売可能となり、スーパーやコンビニ等でも販売できるようになりました。それによって大手資本の参入が始まり、インターネットでの販売が大幅に規制される中で、中小薬局は厳しい選択を迫られています。付加価値を高めることで単独で生き残るか、大手ドラッグストアの傘下やフランチャイズの加盟店になるのか等限られた策の中での意思決定が求められています。

リスクマップと財務基準の例

リスク項目

① コンプライアンス違反
② 同業他社の出店
③ 薬価基準・調剤報酬の改定
④ 医療制度改革
⑤ 大衆薬の価格競争
⑥ 流通形態の変化（業界再編）
⑦ 人材不足・育成難（薬剤師）
⑧ 経営者等の死亡・就業不能
⑨ ＰＬ事故（調剤過誤）
⑩ 火災・爆発等
⑪ 天災（地震・台風等）
⑫ 個人情報の漏洩
⑬ 病院とのトラブル
⑭ 雇用トラブル
⑮ 消費者とのトラブル

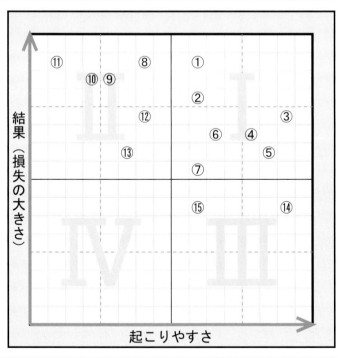

業種名	母集団企業数	収益性		安全性	
その他の小売業	76,559	総資本経常利益率	3.6%	流動比率	183.1%
		売上高経常利益率	2.5%	自己資本比率	45.7%
		人的指標		財務基準	
		売上／1人（百万）	20.654	経常利益（百万）	6.25
		人件費率	14.1%	純資産（百万）	78.38

※中小企業庁　2016年度　中小企業実態基本調査の中分類の数値を参考に作成しています。

薬局・調剤薬局の特徴的リスク

特徴的リスクとしては、「薬局開設許可」「保険薬局指定」等の許認可が営業の前提となるため、①コンプライアンス違反による認可取消のリスクが考えられます。また、門前薬局等のように立地条件の良い場所に②同業他社に出店されることも大きな売上減少に繋がる可能性があります。その他の収益に大きく影響をもたらすリスクとしては、③薬価基準・調剤報酬の改定、④医療制度改革による個人負担の増加、競争激化による⑤大衆薬の価格競争、大手資本の参入によるM＆A、フランチャイズ展開等による⑥流通形態の変化（業界再編）が挙げられます。また、薬局・調剤薬局には薬剤師の常駐が条件となっており、⑦人材不足・育成難（薬剤師）によって営業ができなくなる恐れがあります。起こりやすさは低いですが、影響の大きなリスクとしては、まず⑧経営者等の死亡・就業不能と⑨ＰＬ事故（調剤過誤）が挙げられます。人体に影響を及ぼす可能性が高いため、賠償責任のみならず、風評被害や認可取消、病院からの信頼の喪失等に繋がります。特に取引の大きな⑬病院とのトラブル等は経営に大きな影響を与える可能性があるでしょう。それ以外にも⑩火災・爆発等や⑪天災（地震・台風等）、⑫個人情報の漏洩といったリスクが考えられます。起こりやすさの高いリスクとしては⑭雇用トラブルや⑮消費者とのトラブル等がありますが、いずれも継続的な発生は資金繰りや信用失墜に繋がるため、注意が必要です。

具体的リスク対策

主な収入源である調剤報酬と薬価差益が法律改定等により減少傾向にあり、一般用医薬品（大衆薬）も薬事法の改正によって収益性が低下しているため、今後はいかに差別化を図り収益性を上げていくかが課題です。消費者目線でいかに患者さんに満足を提供し、病院の医師のバックアップ体制を構築できるかが大切です。そのためには、顧客管理をきめ細かく行うことでカウンセリングや適切な服薬指導・健康指導を行い、信頼できる「かかりつけ薬局」となることが重要です。一方で、顧客からの信頼を得るためには、医師からも信頼される調剤を行うことが重要です。適切な管理体制の下で、医師の処方意図と薬剤の整合性を確認し、薬剤調合、監査確認、投薬という過程をとることはＰＬ事故（調剤過誤）の予防の意味合いも含めて非常に重要です。また、顧客満足の視点から考えると、一般用医薬品や健康食品・日用品等を取扱うことも大切であり、収益の一つの柱と考えることも可能です。また、経営の効率化の視点では、ＩＴ化の推進が挙げられます。特に薬剤の在庫についてはＩＴを活用した在庫管理の徹底が必要不可欠です。在庫管理にとどまらず、商品ごとの回転率や収益率、顧客情報を的確かつ安全に管理できる体制の構築が必要でしょう。上記の取組みは魅力的で収益性の高い働きがいのある職場作りのためにも不可欠な取組みであり、安定的な人員確保（特に薬剤師）にも繋がると思われます。

薬局・調剤薬局における保険活用

薬局・調剤薬局における保険活用としては、まず火災については店舗においてベンジン、アルコール、シンナー等、揮発性の高い危険品を扱っていることがあるため、被害が拡大する恐れがあること、不適切な取扱い・落下などが原因で火災・爆発が発生する可能が高いことを考慮した上で提案する必要があります。薬品はその性質から水に弱く、衛生にも気を遣う必要があるため、水ぬれや集中豪雨などによる冠水等の水害を担保することも検討する必要があるでしょう。また、それらの災害・事故等に伴う休業中の営業利益、人件費などの支払に対応するため、休業損害に対応する保険の提案が考えられます。次に賠償については調剤過誤における賠償責任および、販売した商品の欠陥及び取扱説明不十分による賠償責任の可能性がある（販売責任）ため、ＰＬ保険や薬剤師賠償保険の提案は不可欠です。地震については保険会社によって引受基準が異なりますが拡張担保での店舗や商品に関する地震保険も検討する必要があるでしょう。個人情報の漏洩に対する個人情報漏洩保険は、被害者への対応のみならず、病院・医院との信頼関係を高める意味でも準備しておいた方が良いと考えられます。また、経営者への依存度が高い場合は、経営者の死亡や就業不能に備えた生命保険や所得補償保険も必須ですし、保険の補償機能でカバーできないリスクも多いため、生命保険等を活用したファンド構築も必要でしょう。

2. 業種別リスクマネジメント

22 食料品卸売業

食料品卸売業の特徴

　デフレの進展や少子高齢化などで国内食料市場は成熟化が顕著であり、経済産業省「平成26年商業統計確報」によると飲食料品卸売業の年間商品販売額は71兆5,530億円で平成19年調査と比較すると5.4％の減少となっており、事業所数は7万6,653事業所でほぼ横ばい、従業員は79万6,677人で2.8％の減少となっています。卸売りはメーカーと小売業の間に生じる様々な業務を一括して代行することによってメーカー側の物流コストや小売業の業務的・人員的負担を軽減する役割を担っていますが、大きくは商品の所有権が移っていく商流と保管・加工・輸送等の生産者から消費者の手に渡るまでのモノの流れを指す物流の2つの役割を担っています。卸売業は、商品流通の過程において中間で利ざやを稼ぐ業態となるため、商品価格を押し上げる要素ともなっており、近年の小売業者の大規模化・全国化によって、卸を経由しないでメーカーから直接仕入れるケースが増加し、卸売業のウエイトは相対的に低下しています。また、宅配便の発達や決済手段の多様化、情報化社会の発達により顧客管理や発送業務が簡素化されており、メーカーや産地が直接的に消費者とやり取りする「直販」（主に通信販売の形態をとります）が、今後も増加することが想定されます。厳しい業界環境の中で生き残っていくためには、ITをフルに活用した取引先へのさらなる効率化提案や商品情報のデータベース化による一層の生産性向上の提案力の強化が重要です。

リスクマップと財務基準の例

リスク項目

①需要減少
②過当競争
③取引先の直販移行
④システム障害
⑤貸し倒れ
⑥経営者等の死亡・就業不能
⑦食中毒の発生
⑧自動車事故
⑨天災（地震・台風等）
⑩火災・爆発等
⑪労働災害（使用者責任含む）
⑫受託物賠償責任
⑬施設事故（賠償責任等）
⑭コンプライアンス違反
⑮雇用トラブル

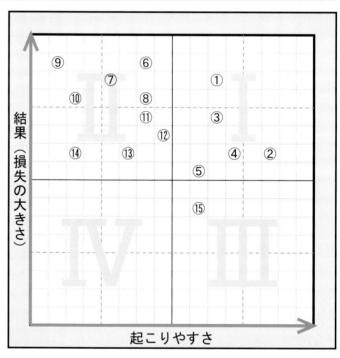

業種名	母集団企業数	収益性		安全性	
飲食料品卸売業	34,784	総資本経常利益率	2.0%	流動比率	113.5%
		売上高経常利益率	0.9%	自己資本比率	24.6%
		人的指標		財務基準	
		売上／1人（百万）	62.670	経常利益（百万）	6.56
		人件費率	5.2%	純資産（百万）	79.90

※中小企業庁　2016年度　中小企業実態基本調査の中分類の数値を参考に作成しています。

食料品卸売業の特徴的リスク

　食料品卸売業の構造的問題として、川上のメーカーや川下の小売りの競争激化・減少による①需要減少、メーカーや小売業者の大規模化・全国化による③取引先の直販への移行、それらを背景にしたサービス面、料金面における②過当競争が挙げられます。そのような中でＩＴ投資や取扱い商品の選別等の事業戦略の失敗や⑤貸し倒れによるリスクが高まっています。また、表示偽装等の⑭コンプライアンス違反や商品や原材料の健康被害問題が発生した場合には風評リスクに晒されて大きな損失を被る可能性があります。起こりやすさが低く、結果（損失の大きさ）の大きなリスクとしては、⑥経営者の死亡・就業不能や食料品の保管状況や物流過程における問題による⑦食中毒の発生、それに伴うリコール等が考えられます。また、配送業務を行っている場合には⑧自動車事故による損失、配送センター等の流通拠点を所有している場合や在庫を大量保有している場合は、⑨天災（地震・台風等）や⑩火災・爆発等、⑬施設事故（賠償責任等）も考えられますし、商品等の預かり資産がある場合には⑫受託者賠償責任を負うケースも想定されます。仕分けや配送等の人的作業に伴い⑪労働災害（使用者責任含む）や⑮雇用トラブルの可能性も大いに考えられるでしょう。近年は競争激化に伴い、ＩＴ投資（物流コストや受発注業務の削減）の増加による④システム障害も想定されるため、システムメンテナンスについても徹底する必要があるでしょう。

具体的リスク対策

　生活に密着した食品を扱うため、他の卸売業と比較して景気に左右されない安定的な業態ですが、近年は卸しを経由しない取引、産地直送の増加、他品種少量配送ニーズの増加等、卸売り業者を取り巻く経営環境は大きく変化しています。また、少子高齢化による国内市場の縮小は避けられず、大手食品卸でも生き残りをかけた再編（経営統合）が進んでおり、今後の存続には、従来の大量生産を前提とするメーカーと小口販売・少量在庫を前提とする小売りとの緩衝材的な機能の強化だけではなく、サービス品質による差別化や物流コストの削減等の効率化による競争力の確保が必要です。中でも製造業と小売業の双方の情報を知り得る優位性を活かし、小売業には商品情報と消費者ニーズにマッチした売り場の企画・提案、適切な在庫管理のアドバイスを、メーカーには消費者が必要としている食品等の情報を提供して新たな商品開発に繋がる提案を行う等の本業支援による差別化が重要です。また、安全・安心な食品へのニーズに対応した物流面での品質管理や、低温物流事業の強化等による特殊性、災害対策のためのストックポイントの立地分散、食品トレーサビリティの遵守、製品のライフサイクルの短縮化に対応したきめ細かなサービス等も考えられます。大手食品卸が中国等の海外に活路を求め、物流センターや情報システムへ投資を拡大する中で、中小企業が生き残るために小売支援の重要性は一段と強まるでしょう。

食料品卸売業における保険活用

　食品卸売業における保険活用としては、まず食料品の保管状況や物流過程での問題から発生する食中毒のリスクに対してＰＬ保険にて対応し、さらにリコール（回収）が生じた場合に備えて食品リコール保険や生産物品質保険を検討する必要があります。ただし、これらの保険は引き受け自体を行っていない保険会社や生産物自体の損害については対象にならないとしている保険会社もあるので注意が必要です。卸売業はメーカーと小売業者の間に位置する立場にあるため、在庫を保管する倉庫や配送センターを所有している場合も多く、天災（地震・台風・水災）や火災等の発生に備えた火災保険、休業損害に対応する保険の提案は必須であり、商品等を預かっている場合には受託者賠償責任保険なども必要となってきます。配送業務を行っている場合は、自動車保険の手当てはもちろん、荷物を守るための運送保険や物流総合保険等の提案も必要になってくるでしょう。また、人的作業も多いと考えられるため、労働災害に対応する、労災総合保険、業務災害総合保険等の準備も行うべきであり、雇用を取り巻く背景から安全配慮義務違反に備えた使用者賠償保険等も提案する必要があります。また、近年の物流はＩＴによる効率化が進んでおり、システム障害等に備えたＩＴ賠償責任保険等の必要性も高くなっています。一定の引受基準はありますが貸し倒れのリスクに備えた取引信用保険を提案することも必要でしょう。

2．業種別リスクマネジメント

23 診療所

診療所の特徴

　診療所とは、入院のためのベッドを備えていない無床診療所と、備えていても20床未満の小規模な有床診療所とに分けられ、これらの医療施設は別名として「医院」や「クリニック」と呼ばれます。一方、病院は20床以上の大規模な医療機関を指します。消費増税による設備投資の負担や人件費の増加によって病院経営は今後も厳しさを増すと考えられますが、診療所は医師の独立志向が強いことや、医療法人が診療所の多店舗展開に乗り出したことで増加傾向にあります。厚生労働省「医療施設調査」によると、一般の診療所数は平成29年10月1日時点で101,471か所と前年比58か所減少し、一方、医師数については厚生労働省「医師・歯科医師・薬剤師調査」によると平成28年12月末で10万2,457人で2年前と比較して0.6％増加しています。また、診療所の医師の平均年齢は59.6歳（平成28年12月末）と、病院の医師の44.5歳と比べて15歳高くなっています。開業医を目指す医師が増える中で、診療報酬の引き下げや診療機器の高額化等による収益性の落ち込みに対応し、差別化要素としてメタボリック対策やアンチエイジングに取組む医療施設等が増加しています。また、「受療行動調査」によると病院を選ぶ基準として通院患者は「医師などの専門性や経歴」を重要視しており、今後は診療所施設や医師の情報公開を積極的に行い、少子高齢化の進行や在宅医療が注目される中で、患者から信頼され、選ばれる施設になることが求められています。

リスクマップと財務基準の例

リスク項目

①診療報酬の改定
②医師の死亡・就業不能
③薬価等の変動
④近隣での競合の開業
⑤医療制度の改定
⑥医療過誤
⑦院内感染
⑧天災（地震・台風等）
⑨火災・爆発等
⑩個人情報の漏洩
⑪食中毒
⑫労働災害（使用者責任含む）
⑬施設事故（賠償責任等）
⑭医師・看護師等の不足
⑮雇用トラブル

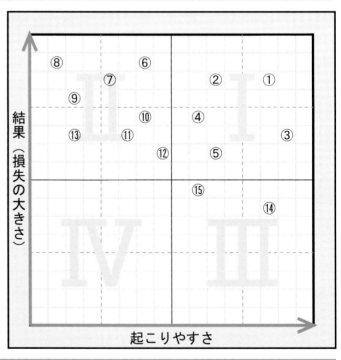

業種名	母集団企業数	収益性		安全性	
一般診療所	1,156	総資本経常利益率	8.3%	流動比率	417.9%
		売上高経常利益率	9.1%	自己資本比率	68.7%
		人的指標		財務基準	
		売上／1人（百万）	—	経常利益（百万）	13.75
		人件費率	47.6%	純資産（百万）	113.72

※厚生労働省　平成29年度　第21回　医療経済実態調査（医療機関等調査）の数値を参考に作成しています。

診療所の特徴的リスク

　診療所の特徴的リスクとしては、まず①診療報酬の改定や③薬価等の変動を含めたさまざまな⑤医療制度の改定が上げられます。2018年は診療報酬が0.55％引き上げられましたが、薬価・診療材料は1.65％の引き下げとなったため、全体では1.1％のマイナス改定となりました。今後も医療政策の動向を予測した上で対応策をとり、制度改定による影響を最小限に抑えることが重要です。基本的に小規模で地域に根差した医療に取組む診療所としては、②医師の死亡・就業不能は致命的なリスクであり、④近隣での競合の開業も売上に大きな影響を与えると考えられます。また⑥医療過誤や⑦院内感染といった医療に関わる事件・事故も賠償責任に留まらず、風評被害等に繋がり、致命的な損失をもたらす可能性が高いでしょう。⑧天災（地震・台風等）、⑨火災・爆発等の発生についても建物や高額な医療設備の損失に留まらず、復旧までの休業損失に繋がることで巨額の損失が発生することが想定されます。医療行為以外でも⑩個人情報の漏えいや⑪食中毒の発生、⑬施設事故（賠償責任等）等によって賠償請求を起こされる可能性もあることから、職場の情報管理・衛生管理等については厳しく対処することが重要です。人材に関わるリスクとしては、⑫労働災害（使用者責任含む）の発生や⑮雇用トラブル等が考えられますが、いずれも⑭医師・看護師等の不足に繋がるため、致命的な損失にならないように事前に備えることが必要です。

具体的リスク対策

　今後の医療制度の方向性を考えると、医療費抑制施策が推進され、病院に手厚く診療所に厳しい結果が予想されますが、その変化に柔軟に対応することが生き残りのカギを握ります。まずは、病院勤務医の負担軽減措置として、夜間緊急外来に対応した措置である時間外加算を利用し、診療時間の延長によって収益増を考えることができます。また、後期高齢者医療制度による「高齢者担当医」としての活動や平均在院日数の短縮に向けた在宅医療支援診療所に取組むことも有効と考えられますし、特定健診・保健指導の積極的な活用により、「疾病予防」という概念を診療所の新たな収入源にすることも可能です。地域密着型医療を実践すべき診療所としては、総合的に疾病治療や予防に携わる地域全体の「かかりつけ医」になることが重要です。そのため、今後は情報発信を主眼とした院外活動の活発化も課題であり、健康教室の開催やフリーペーパーの作成、関連職種との勉強会の開催等を積極的に行うことが大切です。また、行政コストの削減や進展する高齢化社会の中で、郊外型の都市開発から中心市街地の再開発等へと政策が転換しており、居住地域や人の流れも徐々に変化することが想定されます。医療費の伸び抑制を目的とした在宅医療や予防医療の分野において診療所開業医の果たす役割は大きく、さまざまな制度改革に柔軟に対応し、診療所の経営戦略を検討することが、今後の診療所経営のポイントです。

診療所における保険活用

　診療所における特徴的かつ保険活用が重要視されるリスクとしては、まず医療過誤や院内感染といった、医療行為から引き起こされる損害賠償責任が挙げられます。幸いにして日本国内ではそれほど高くはない保険料（年間数万円程度）で「医師賠償責任保険」に加入できますが、それがいつまでも続くとは限りません。訴訟大国のアメリカでは医療過誤に関する訴訟が1970年代から深刻な社会問題となり、保険料の高騰（年間の保険料が数十万ドルというレベル）や保険会社の医師賠償責任保険からの撤退という事態を招きました。医療行為に関わる賠償責任保険については、引受が厳しくなる可能性を想定し、できるだけ事故の起きない安全な環境を整え、事故発生時に円滑に対応できる準備を行い、損失を吸収できる財務基盤を構築することも求められます。医療事故における損害賠償請求は、早期に認識できるものと時間を要するものがあるため、「事故の認識（発見基準／請求基準）」に留意し、約款等を確認することも重要です。また、火災保険や地震保険、労災事故や施設事故、情報漏えいや食中毒等に関わる賠償責任はもちろんですが、医師の病気や死亡に関わる長期休業もしくは火災や天災時の休業損失についての補償を忘れずに用意することも重要です。特に医師が少ない診療所については、一人の医師の就業不能が致命的な損失をもたらすため、生命保険や所得補償保険を用いたリスク対策が必要と思われます。

2. 業種別リスクマネジメント

24 歯科医院

歯科医院の特徴

歯科医院の診療科目は、a) 歯科（歯と口腔に関する病気や健康に関する医療行為）、b) 矯正歯科（歯並びや噛み合わせの異常を強制する医療行為）、c) 小児歯科（子供の虫歯予防・虫歯治療・歯並び治療）、d) 歯科口腔外科（先天異常や口内炎、歯の破折や脱臼などの外傷治療）の4つであり、他に審美歯科（ホワイトニング等）、歯周科、予防歯科等がありますが、医療法の正式な科目として規定されていません。厚生労働省「医師・歯科医師・薬剤師調査」によると、歯科医師数は平成28年12月末で10万4,533人と一貫して増加傾向にありますが、「医療施設調査」による歯科診療所数は平成29年10月1日時点で68,609か所と前年より331減少しています。母親の子供の歯に対するケア意識の高まりや、フッ素配合の歯磨き粉の登場等を背景に、虫歯にかかる子供の数は減少傾向にあることや、歯科診療医療費の減少や政府の医療費増加を抑えるための診療報酬引き下げもあり、歯科医院の経営環境は厳しさを増しています。一般に歯科医師になるには3,000万～6,000万円の学費が掛かり、開業にはさらに3,000万～5,000万円の先行投資が必要と言われますが、開業すれば安定した収入を見込める時代ではなくなっています。高い医療技術と経営手腕を発揮しなければ勝ち抜けない厳しい競争時代となる中で、顧客とのコミュニケーションを重視し、虫歯治療から予防診療へのシフトやホワイトニング等を手掛ける歯科医院も増加しています。

リスクマップと財務基準の例

リスク項目

① 過当競争
② 治療需要の減少
③ ニーズの変化
④ 法律改定
⑤ 院長の死亡・就業不能
⑥ 医療過誤
⑦ 立地・周辺環境の変化
⑧ 天災（地震・台風等）
⑨ 火災・爆発等
⑩ 労働災害（使用者責任含む）
⑪ 設備の老朽化・陳腐化
⑫ 個人情報の漏洩
⑬ 施設事故（賠償責任等）
⑭ 患者とのトラブル
⑮ 医療機器の破損

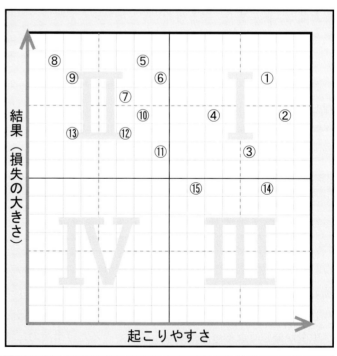

業種名	母集団企業数	収益性		安全性	
歯科診療所	281	総資本経常利益率	16.7%	流動比率	257.9%
		売上高経常利益率	15.5%	自己資本比率	54.4%
		人的指標		財務基準	
		売上／1人（百万）	—	経常利益（百万）	9.39
		人件費率	40.5%	純資産（百万）	30.62

※厚生労働省　平成29年度　第22回　医療経済実態調査（医療機関等調査）の数値を参考に作成しています。

歯科医院の特徴的リスク

特徴的リスクとしてまず挙げられるのは、既に業界内において顕在化している医師の増加による①過当競争と虫歯のある子供の減少による②治療需要の減少、予防ニーズへの移行による③ニーズの変化等が挙げられます。また、業界特有のリスクとしては、報酬単価の変更等の④法律改定も考えられるでしょう。結果（損失の大きさ）が大きく、起こりやすさの低いリスクとしては、社会問題ともなっている⑥医療過誤が考えられるほか、全体の84％が個人の診療所である現状から、⑤院長の死亡・就業不能も大きな影響を与えると考えられます。地域密着の特性から近隣での歯科医院開業等の⑦立地・周辺環境の変化も影響が大きいでしょう。一般的に新規開業や新しいニーズへの対応には新たな設備が必要なため、⑪設備の老朽化・陳腐化に注意し、それらの資産を⑧天災（地震・台風等）や⑨火災・爆発等から守ることも考える必要があります。施設内での事故としては、施設等の欠陥によって患者がケガをする⑬施設事故（賠償責任等）、⑩労働災害（使用者責任含む）、⑫個人情報の漏洩等が考えられるので注意が必要です。結果（損失の大きさ）は低く、起こりやすさの高いリスクとしては、⑭患者とのトラブル、⑮医療機器の破損等が挙げられますが、いずれも単独では大きな損害に繋がらないものの、トラブルの頻発、人員の教育不足はサービス品質の低下と風評被害をもたらし大きな損失に繋がる可能性があるため、日頃からのケアが必要となります。

具体的リスク対策

医師の増加と治療需要の減退による過当競争に勝ち抜くには、単なる医療技術だけではなく、経営手腕が問われます。独自性を出して差別化を図ると同時に新しいニーズに敏感に対応していくことが肝要です。具体的には短期間で治療する方法で患者を獲得したり、事前カウンセリング等で治療の計画書を作成したり、早朝治療を行う歯科医院もあります。また、矯正やインプラント等の専門分野の医師を配置し、チームとして患者の幅広いニーズに応えている歯科医もあります。患者の満足感の向上のために、コミュニケーション能力やマーケティング能力を備えることで差別化を図る歯科医や近年の医療過誤の問題に対応し、セカンドオピニオンを取り入れる歯科医も増えています。また、治療ニーズから予防ニーズへの変化等に柔軟に対応するために、診療体制のシフトを行う歯科医も増えており、診療報酬単価等に左右されない体制構築を進めています。結果（損失の大きさ）の大きなリスクには、基本的に保険が必要ですが、事故の発生は風評リスクに繋がるため、事故を起こさない努力が必要です。起こりやすさが高いリスクは、日々のサービス状況、人材活用状況を把握し、日常業務の中でリスク管理を行う必要があります。最近は歯科医院の評判を検索サイトで確認する患者も増加しており、スマホ・携帯端末を活用した予約システムの導入や診療内容を説明するソフトの導入等で患者の歯科治療に対する不満解消や満足度向上を図っています。

歯科医院における保険活用

歯科医院は8割以上が個人の診療所であり、院長に対する経営依存度が高いため、院長の死亡に対する生命保険や就業不能に対する所得補償保険の提案は必須となります。また、労働災害に備える労災総合保険や業務災害総合保険等も必要な補償であると考えられ、安全配慮義務違反等が指摘された場合の使用者賠償保険（もしくは特約）を準備することも重要です。歯科医院では専門設備機械を必要とすることから、リース等の調達手段の契約内容（保証の有無）を確認することを前提として、高額となりがちな建物や設備に対する火災保険や地震拡張補償等及び長期の休業に備えて休業損害に対応する保険（収益や借入返済財源の確保）を準備することが事業の継続に不可欠となります。また診療所内での転倒事故や看板の倒壊等による事故なども想定されることから施設賠償保険も準備しなくてはなりません。近年は、差別化要素の一つとして積極的な情報発信、マーケティング活動をしている医院も増えていることから、患者の情報漏洩リスクに対して個人情報漏洩保険を提案しておくことも重要です。最後に、医療過誤のリスクに対しては医師賠償責任保険が必要不可欠ですが、支払条件は誤解のないように双方で確認しておくことが重要であり、引受けについては業界団体の制度によるものと単独のものがありますが近年の社会問題化の背景により保険会社の引受けは限定される傾向があるので注意が必要です。

2. 業種別リスクマネジメント

25 介護老人福祉施設（特別養護老人ホーム）

介護老人福祉施設の特徴

　介護老人福祉施設は、介護保険法で入所定員が30名以上の特別養護老人ホームと定義されており、介護保険制度で要介護状態と認定された人（平成27年4月からは要介護3～5と重度認定された人）に対し、施設サービス計画に基づいて、入浴・排せつ、食事等の介護その他の日常生活・療養生活上の世話、機能訓練、健康管理等を行うことを目的とする施設です。同じ施設でありながら、老人福祉法の「特別養護老人ホーム」を介護保険法上の「介護老人福祉施設」と言うため、ここでは双方を略して「特養」という呼称で統一します。また特養の事業主体は地方公共団体と社会福祉法人が中心であり、施設運営は営利目的ではなく、福祉目的の位置付けとなります。特徴としては、a) 比較的低料金であり、b) 終身利用ができること、c) 対応できる医療が限られ、入所できない場合もあること、d) 待機者が多いこと等が挙げられます。特養は介護保険施設なので、施設での介護サービスには介護保険の適用を受けることができますが、食費や居住費には保険の適用がないため、全額自己負担となります。施設数は平成27年10月1日時点で9,452か所、定員数は56万6,847人と一貫して増加しているものの、需要の伸びに施設数が追いつかないため、待機者が増えているのが現状です。特に敷地が不足している都市部では待機者が目立ち、比較的受け入れ能力のある地方へ移住する高齢者を支援する対策が始まっています。

リスクマップと財務基準の例

リスク項目

①介護事故
②本人要因のケガ
③法律改定（保険制度等）
④労働災害（使用者責任含む）
⑤感染症の発生
⑥天災（地震・台風等）
⑦火災・爆発等
⑧自動車事故
⑨食中毒
⑩個人情報の漏洩
⑪施設事故（賠償責任等）
⑫コンプライアンス違反
⑬雇用トラブル
⑭入居者とのトラブル
⑮人材不足・育成難（介護職員）

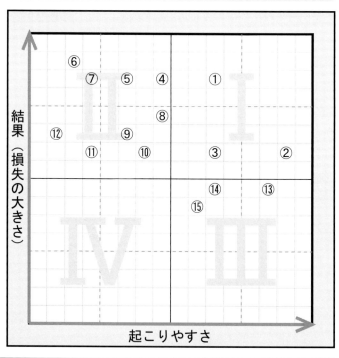

業種名	母集団企業数	収益性		安全性	
介護老人福祉施設	1,340	総資本経常利益率	—	流動比率	—
		売上高経常利益率	1.5%	自己資本比率	—
		人的指標		財務基準	
		売上／1人（百万）	6.660	経常利益（百万）	0.40
		人件費率	64.6%	純資産（百万）	—

※厚生労働省　平成29年度　介護事業経営実態調査の数値を参考に作成しています。

介護老人福祉施設の特徴的リスク

特養の特徴的リスクは、既に身体的機能や認知的機能の低下により、リスクを抱えている方々を相手にする仕事であるということです。特養は介護を必要とする高齢者が1日1日を自分らしく過ごす「生活の場」であり、入居者の方々の安心・安全で自立した尊厳のある生活を提供する場所です。そのため、ケアの提供過程で発生する①介護事故や②本人要因のケガ、施設の欠陥等を原因とする⑪施設事故（賠償責任等）や⑤感染症の発生、さらには⑨食中毒等のように入居者の安全を阻害するリスクをいかに回避するかが大きなテーマになります。また、社会保障費の増大に伴う社会保障制度の変更の他、多くの法令が関わっているため、③法律改定（保険制度等）も特徴的リスクとして考えられます。起こりやすさは低いですが、移送中等の⑧自動車事故や⑥天災（地震・台風等）や⑦火災・爆発等についても、車両や建物等の施設の損害もさることながら、被害から入居者を守るという視点から対策を検討する必要があります。また、業務の特性から④労働災害（使用者責任含む）の発生にも注意を払う必要があると考えられます。過去の病歴等の特殊な情報を預かることから、⑩個人情報の漏洩への対応や、助成金やその他の資金繰りに関わる⑫コンプライアンス違反についても留意しなければなりません。起こりやすさの高いリスクとしては、⑬雇用トラブルや⑭入居者とのトラブル、⑮人材不足・育成難（介護職員）等が考えられます。

具体的リスク対策

特養はその目的が社会福祉であり、リスク対策の目的は利用者の自立した尊厳ある生活の確保です。そのため、利用者に対する安全の確保・介護事故の予防は必要不可欠な取組みですが、利用者の尊厳重視という視点を考慮に入れる必要があります。例えば、転倒事故のケースでは、事故防止のために自由な歩行や入居者の身体を拘束し過ぎると、尊厳重視の視点が欠けてしまうため、転倒させないための拘束ではなく、転倒してもケガをしない被害の最小化が重要です。同様に、食事の際の誤嚥事故を防止するために食事介助を止めて栄養補給を行い、行方不明事故を無くすために完全に閉ざされた状況を作ることも、不当に自由を奪い、尊厳侵害に繋がったり、居住者の不満足に繋がったり、場合によっては逆に安全配慮に欠いた取組みに繋がります。そのような事態が発覚すると、家族や地域に対する信頼が失われ、介護事故は無くなっても、そもそもの介護事業所の存在意義を見失います。平成21年に出された東京都福祉保健局の「社会福祉施設におけるリスクマネジメントガイドライン」では、1）報告制度、2）委員会の運営、3）業務手順書の整備、4）研修、5）家族とのパートナーシップ、6）介護記録の6つの仕組み作りを推奨しており、具体的な事故対策としては、事故発生の要因を大きく「職員要因」、「本人要因」、「設備・環境要因」に分けて、要因ごとの対策検討を勧めています。

介護老人福祉施設における保険活用

介護老人福祉施設に対しては「事業運営上のリスク」「従業員に関わるリスク」「企業資産に関わるリスク」「その他のリスク」の区分に分けて提案すべきと考えられます。「事業運営上のリスク」としては介護事故、入居者のケガ、施設事故、感染症の発生、食中毒等が挙げられ、一般的には各社が取り扱う介護事業者向け総合賠償責任保険を活用しますが、同時多発を前提に最大損害額を考慮した保険金額の設定が大切と言えます。次に「従業員に関わるリスク」ですが、労働災害については福利厚生規程に基づいて労災総合保険、業務災害総合保険等を提案することが必要です。また、精神疾患が多く、人材の流動の激しい業界であるため、人材の確保、雇用リスクの観点から、人事戦略の一環として雇用慣行賠償責任保険や長期所得補償保険やメンタルヘルスサービス付きの福利厚生タイプの保険等の提案を行うことも重要です。安全配慮義務違反が問われた場合の使用者賠償責任については、上記の総合賠償責任保険の補償範囲で対応するのが一般的です。通勤や利用者宅への訪問に自動車を使用する場合は、自動車保険は欠かせません。次に「企業資産に関わるリスク」ですが、施設自体や介護医療機器の損害に備えて、火災保険や拡張担保（縮小／免責の活用）による地震保険を提案しておくべきでしょう。「その他のリスク」としては入居者、従業員の個人情報漏洩に対する個人情報漏洩保険が考えられます。

おわりに

　私が保険業界に入ったのは平成9年9月のことでした。ちょうど生損保相互参入の時期でもあり、銀行で新規開拓部隊を経験し、社会保険労務士でもあった私にとっては、生命保険は本当に売りやすかったと記憶しています。それから既に20年以上が経ちましたが、ここまで来れたのも、やはりリスクマネジメントを真剣に勉強する機会を与えていただき、企業経営の原点を教えてくださった多くのお客様や弊社のメンバー、業界の先達の方々や応援してくれる家族や仲間のお陰であると感謝しております。

　思えば、リスクコンサルタントを志して銀行を退職し、神戸に帰って来ましたが、代理店研修生とイメージしていたリスクマネジメントは程遠く、食べていくために社労士事務所と保険代理店を掛け持ちし、がむしゃらに営業していたのを思い出します。そんな中で、お客さまである厨房機械メーカーの社長に「本当にリスクマネジメントがしたいなら、保険代理店や社労士のような専門的な立場から会社を見るのではなく、現場に入って経営の実態を勉強しろ！」と言われたことが今に至る大きなきっかけになっています。その後、約2年にわたって保険代理店や社労士の仕事を社員に任せ、私は厨房機械メーカーの総務部長として仕事をすることになる訳ですが、その2年間に学んだことが今の代理店経営及びリスクコンサルティングに非常に大きな影響を与えています。企業とはどうあるべきなのか？　働くとは？　仕事とは？　人らしく生きるとは？　といった生き方の原点を学ばせていただいたことが今までの活動の原動力になっています。

　そして、私がリスクマネジメントの重要性と難しさを思い知ったのもその会社でした。当時20歳の従業員が労災事故で私の目の前で亡くなったのです。いかに自分が他人事としていい加減にリスクマネジメントという言葉を使っていたかを思い知りました。保険では亡くなった人は帰って来ない……。保険の限界を痛感すると共に、やはり事故は起きないことが一番だと改めて気付かされた瞬間でした。この事故が無ければ私は今でもリスクマネジメントという言葉を振りかざして、うわべの保険提案やリスクコンサルティングをしていたかもしれません。この事件が、私に東京に出ていく決心をさせてくれました。

　これからの保険業界においては、個人マーケットは巨大資本の参入や来店型ショップ、ネット販売等によってますます競争が激しくなり、商品もシンプル化が進むことが想定されます。そのような環境下でプロ代理店が生き残るためには法人マーケットの攻略が一つの選択肢として考えられます。また、保険代理店経営の視点から見ても、これからはプロフェッショナル性が要求され、単価の大きな法人マーケットに対してのアプローチが生き残りの鍵となるでしょう。そして、難易度の高い法人マーケットに対して適切な保険提案を実現するためには幅広いリスクマネジメントの知識が必要不可欠であり、リスクマネジメント力が代理店の生き残りを左右すると言っても過言ではないと思います。

そして、保険を企業経営に活かすためには、保険知識の習得もさることながら、やはり経営の勉強や財務の勉強をしなければなりません。どれだけ保険の知識があっても、お客様の置かれているリスク環境や財務状況が分からなければ適切な保険提案ができないからです。そのため、今後は会計事務所や社会保険労務士等とのタイアップも必要になってくるでしょう。リスクマネジメントをプラットフォームとして多くの専門家の方々と協力して企業のサポートをしていく姿勢が求められると思われます。その時は、リスクマネジメントに深く関わっている保険代理店が、リスクコンサルタントとして中心的な立ち位置に立って、税理士や社労士の先生方のフォローをすることもあると思います。

　現在においてもまだまだ保険代理店の社会的地位は高いとは言えない状態が続いておりますが、有事の際にお客様を守れるのは保険代理店だけですし、多くの方々からの信頼に値する人間性と幅広い業務知識、リスクや財務に関わる周辺知識が必要な非常に高い能力を求められる仕事であり、誇りと使命感を持って従事すべき仕事だと考えています。これからは単なる保険販売や量的拡大から脱却して品質向上に軸足を置き、お客様を守るという使命感、金融業を営んでいるという自律心、独立した事業体として経営を行うという自立心を持って顧客本位の業務運営を実践し、我々自身の成長によって社会的な評価を上げていく必要があると思います。

　本書籍については、説明が不十分な箇所も多々あるかと思いますし、諸先輩方にとっては当たり前のことを書き連ねている部分もあるかと思いますが、保険業に携わっている代理店や保険会社の方々のみならず、企業経営者や企業の財務・保険担当者の皆さまに、少しでもリスクマネジメントの考え方や、手段としての保険の活かし方についてヒントを与えることができ、正しい保険活用に繋がればと考えております。その結果として、この書籍が多くの企業の安心・安全な経営の一助となり、また保険業界のレベルやステイタスの向上に繋がれば幸いです。

　最後になりましたが、出版に当たりお世話になりました弊社のメンバー及び新日本保険新聞社の皆さま、そして本書籍の出版を勧めていただき、初版より長年お世話になりました故軽澤拓也様に厚くお礼を申し上げたいと思います。

平成31年1月1日

　　　　　　　　　　　　　　　　　　　　　　　ＡＲＩＣＥホールディングスグループ
　　　　　　　　　　　　　　　　　　　　　　　　　株式会社　Ａ．Ｉ．Ｐ
　　　　　　　　　　　　　　　　　　　　　　　　　代表取締役　CEO　松本　一成

監修者略歴

松本 一成（まつもと　かずなり）

1970年4月20日、兵庫県神戸市生まれ
ＭＢＡ(経営管理修士)、ＲＭＣＡ－Ｊ上級リスクコンサルタント、社会保険労務士、ファイナンシャルプランナー
ＮＰＯ法人日本リスクマネジャー＆コンサルタント協会　認定講師

ＡＲＩＣＥホールディングス　株式会社　代表取締役
株式会社Ａ．Ｉ．Ｐ　代表取締役　ＣＥＯ
株式会社日本リスク総研　代表取締役
トラスト社会保険労務士法人　社員労務士
株式会社アリスヘルプライン　代表取締役　　　　　他、複数の組織を経営

2013年度　日本青年会議所保険部会　（第31代　部会長）
ＮＰＯ法人　日本リスクマネジャー＆コンサルタント協会　副理事長
RMCA　保険リスクマネジメント研究会　会長

1997年に三和銀行（現三菱ＵＦＪ銀行）を退職し、安田火災（現損害保険ジャパン日本興亜）に研修生として入社。父親の死亡もあり2年で退職し、その後保険代理店を営みながら社労士法人の経営や厨房機器メーカーの総務部長、リスクコンサルティング会社の役員等を歴任する。2008年に現在の株式会社A.I.Pを立ち上げ、全国に支店を展開し、リスクマネジメントを軸とした法人への保険提供を行っている。2010年4月ARICEホールディングス株式会社を設立し、トータルなリスクマネジメントサービスを目指している。2017年には副理事長を務めるNPO法人にて保険リスクマネジメント研究会を立上げ、リスクマネジメントを通した顧客本位の業務運営と保険業界のレベルとステイタスのさらなる向上を目指して活動している。

【ＡＲＩＣＥホールディングスグループ】

ＡＲＩＣＥホールディングスグループは、「お客様を守る」ために集結したプロフェッショナル集団であり、各組織の相乗効果でトータルなリスクマネジメントサービスを提供しています。
ＡＲＩＣＥホールディングス株式会社（グループ会社を統括する組織）
株式会社Ａ．Ｉ．Ｐ（全国に展開する生損保乗合代理店）
株式会社日本リスク総研（リスクマネジメントの教育・研修、コンサルティング事業）
トラスト社会保険労務士法人（社会保険労務士業、人事労務リスクコンサルティング）
株式会社アリスヘルプライン（内部通報制度構築支援、ガバナンス態勢の構築支援）

【主な講演先】

日本代協コンベンション（2014年）、RINGの会　オープンセミナー（2010年、2017年）、国際保険流通会議（2013年、2017年、2018年）、東京海上日動火災保険(株)、損害保険ジャパン日本興亜(株)、あいおいニッセイ同和損害保険(株)、AIG損害保険(株)、Chubb損害保険(株)、日新火災海上保険(株)、日本生命保険相互会社、アクサ生命保険(株)、全国生協代理店会、沖縄電力、富山県職員研修、独立行政法人国立印刷局、近畿税理士会、兵庫県社会保険労務士会、日本原子力発電株式会社、三菱レイヨン、キヤノンマーケティングジャパン、ダイセル化学工業㈱、東光電気、ほか多数

【主な執筆・記事・DVD等】

- 新日本保険新聞社　損保版「業種別リスクマネジメント」2009年11月～2014年7月（57回連載）
- 新日本保険新聞社　業種別リスクマネジメント（書籍）　2014年1月　第1版発行（現在第5版）
- 新日本保険新聞社　損保版　「リスクマネジメント実践講座」　2014年8月～現在に至る
- 新日本保険新聞社　「業種別リスクマネジメント（DVD）」　2016年4月発売
- 月刊総務「保険で企業価値を高めるリスクマネジメント視点の保険活用マニュアル」　2017年11月
- ブレインマークス　リスクマネジメントと顧客本位の関係性（DVD）　2017年5月発売

　※その他、保険業界新聞や書籍、東洋経済や週刊ダイヤモンド等への投稿、DVD作成、保険会社等への教材の提供多数